***ACCESO GRATIS** a la Lectura en la Nube*

Para visualizar el libro electrónico en la nube de lectura envíe junto a su nombre y apellidos una fotografía del código de barras situado en la contraportada del libro y otra del ticket de compra a la dirección:

ebooktirant@tirant.com

En un máximo de 72 horas laborales le enviaremos el código de acceso con sus instrucciones.

La visualización del libro en **NUBE DE LECTURA** excluye los usos bibliotecarios y públicos que puedan poner el archivo electrónico a disposición de una comunidad de lectores. Se permite tan solo un uso individual y privado

En caso de erratas y actualizaciones, la Editorial Tirant lo Blanch México publicará la pertinente corrección en la página web www.tirant.com/mex/

© TIRANT LO BLANCH
EDITA: TIRANT LO BLANCH MÉXICO
Av. Tamaulipas 150, Oficina 502
Hipódromo, Cuauhtémoc, 06100 Ciudad de México
Telf: +52 1 55 65502317
Email: infomex@tirant.com
www.tirant.com/mex/
Librería Virtual: www.tirant.es
ISBN: 978-84-1056-036-9
MAQUETA E IMPRIME: TINK FACTORÍA DE COLOR , S.L.

Competencia económica

Dr. Eduardo Dacasa López.

A la memoria de mi padre, por su gran ejemplo.

Al igual que todo lo que hago, este trabajo lo dedico a mi esposa Rosario y mis hijos Eduardo y Alba, quienes están presentes en cada momento de mi vida dándome la fuerza de continuar.

La mayoría de los argumentos contra el libre mercado se basan en la falta de confianza en la libertad misma.

Milton Friedman.

La libertad no solo significa que el individuo tiene la oportunidad y el peso de la elección. También significa que debe soportar las consecuencias de sus actos. Libertad y responsabilidad son inseparables.

Friedrich Hayek.

No habrá paz en la tierra mientras perduren las opresiones de los pueblos, las injusticias y los desequilibrios económicos que todavía existen.

Juan Pablo II.

INDICE.

Cap. IV. Aspectos Básicos en materia de competencia económica.

Cap. V. Monopolios, prácticas monopólicas y concentraciones.

Introducción.

Resulta evidente que los principios liberales sostenidos por el grupo parlamentario del *whig* en Inglaterra sobre del individualismo, la competencia, la ciencia, el Estado de derecho, el respeto a la propiedad privada, la sociedad de consumo y la ética de trabajo se han constituido como los pilares de la modernidad Occidental y los valores sobre los que ha soportado el desarrollo de la economía a nivel global.

Sin embargo, las condiciones mundiales se encuentran en constante cambio, en los últimos años se han presentado de manera reiterada profundas crisis económicas y sociales, cuya dificultad de resolución, pone en entredicho la viabilidad de los sistemas sustentados en estos principios, "Ahora bien, a diferencia de lo sucedido en las crisis del pasado siglo, de las que salió por lo general reforzado, en nuestros días está sucediendo lo contrario, con un agravante añadido. Sobre el trasfondo del ascenso de China y la reafirmación de otras potencias regionales, cierto es que las consecuencias de la Guerra contra el Terror, de la Gran Recesión, y de la Gran Reclusión afectan negativamente la credibilidad de Occidente en su conjunto, pero sobre todo están socavando el prestigio, y la autoconfianza del mundo anglosajón, hasta ahora en su vanguardia" [1]

Ante estas perspectivas variantes surge la interrogante, ¿cuál es el futuro de una política económica y de una legislación de competencia económica fundamentada en los referidos principios liberales?, si consideramos como válidos los cuestionamientos que planteamos, tanto a nivel interno como en el plano internacional, la respuesta que proponemos pudiera parecer en principio contradictoria, pero, igualmente válida en las distintas perspectivas apuntadas.

Considero que la existencia de una adecuada legislación y unas instituciones firmes y eficientes que garanticen la estabilidad de los mercados y la sana competencia, se convierten en un requisito ineludible, no sólo, para el sano desarrollo de la economía nacional en el marco de la rectoría económica del Estado, sino como un elemento ineludible para el desenvolvimiento de nuestra economía en el plano de una economía internacional ante condiciones globales cambiantes, siendo que su regulación para garantizar las condiciones más optimas de desarrollo de los mercados, se traduce en una condición necesaria para su estabilidad y se traduce en una actividad ineludible del Estado.

El presente trabajo tiene por objeto realizar un análisis somero de la regulación de la competencia económica en nuestro país, desarrollando nuestra exposición buscando sintetizar los conceptos económicos y las normas que estructuran a las autoridades reguladoras y los esquemas operativos en materia de competencia económica, tratando en su capitulado, conforme a los programas académicos vigentes, analizar los elementos que consideramos indispensables para conocer nuestra materia.

[1] Martínez Montes, Luis Francisco. *Bárbaros ¿qué bárbaros? El mundo hispano y el canon de modernidad.* En E. Lamo de Espinosa (coordinador). *La disputa del pasado. España, México y la leyenda negra.* (p. 115-134). Turner, Noema. México, 2021, p. 127.

Partimos en un primer capítulo de plantear la regulación económica por parte del Estado en el esquema de la rectoría económica que le corresponde en nuestro sistema jurídico, remitiéndonos al análisis de los diferentes sistemas económicos que nos permiten dimensionar la intervención del Estado y su dimensión.

En un segundo capítulo nos referimos a los antecedentes de las regulaciones en materia de competencia económica, las que, por su propio desarrollo partimos de considerar su regulación en la legislación de los Estados Unidos de América, como el país de origen y que presenta un mayor desarrollo en la materia, continuando con el análisis de la regulación de la competencia en el marco de la Unión Europea, para continuar con el estudio de su regulación en la normativa nacional como resultado de la incorporación de nuestro país en el contexto de la economía mundial.

El tercer capítulo nos referimos a la definición de la materia de competencia, delimitando su relación con el derecho económico, atendiendo a al análisis económico del derecho como orientador de la legislación en la materia, para continuar con el desarrollo del ámbito regulatorio de la competencia económica en nuestro sistema jurídico, tanto a nivel constitucional, como en la legislación federal, sus leyes orgánicas, reglamentos, circulares y en general, el conjunto de disposiciones normativas.

La necesidad de partir de una seria de conceptos económicos que estructuran y dan sentido a la regulación normativa de la competencia, en un capítulo cuarto definimos y dimensionamos los conceptos económicos que son los fundamentos de la regulación jurídica, como supuestos normativos con contenidos específicos en el esquema de la norma; así definimos conceptos fundamentales como competencia, mercado de competencia perfecta, mercado de competencia imperfecta, agente preponderante, economía a escala, monopolio, monopsonio, oligopolio y su manifestación en la figura del Cartel, la competencia y eficiencia económica, la información e incentivos, las barreras de entrada, como conceptos base de la regulación de la competencia.

En un quinto capítulo atendemos a la figura de los monopolios, las prácticas monopólicas, la libre concurrencia, la figura del estanco, el análisis de la posición dominante, y lo referente a las concentraciones ilícitas, como algunas de las principales figuras objetivo de la regulación en materia de competencia económica, así como los diversos procedimientos comprendidos en nuestra norma.

Por su parte en un sexto capítulo nos referimos a la Comisión Federal de Competencia económica, su estructura orgánica, las atribuciones de la autoridad, así como los servicios y trámites que constituyen sus atribuciones y competencias.

Ya en un séptimo capítulo tratamos lo relativo a procedimientos administrativos internos, refiriéndonos al procedimiento de investigación sobre prácticas monopólicas, en el contexto del respeto a los derechos humanos y el respeto al derecho de un debido proceso la existencia de un procedimiento seguido en forma de juicio, el procedimiento de notificación de concentraciones, y el novedoso procedimiento para determinar insumos esenciales implementado en nuestra normativa vigente, y el procedimiento para determinar la existencia de barreras de entrada y para resolver sobre condiciones de mercado, así como la regulación de un programa de inmunidad, para aquellos agentes económicos que colaboren efectivamente con la autoridad para facilitar sus actuaciones.

Para finalizar el breve análisis que realizamos, nos referimos en un décimo capítulo al análisis de medidas de apremio y sanciones como medidas tomadas por la autoridad reguladora como necesarias para imponer sus determinaciones como un mecanismo para lograr el cumplimiento de la normativa en materia de competencia económica, así como la existencia de delitos comprendidos en el Código Penal Federal en su Titulo decimocuarto sobre los delitos contra la economía pública en su Capítulo I sobre los delitos contra el consumo y la riqueza nacionales.

Espero que en el desarrollo de la presente obra se haya logrado su principal objetivo, que es facilitar al lector, presentando de una manera somera pero precisa, aquellos elementos necesarios para entender el papel del Estado como rector de la economía nacional, y la trascendencia que la regulación de la actuación de los agentes económicos reviste para el desarrollo económico y el bienestar de nuestro país.

Preámbulo.

La organización y estructura política, cultural, económica, jurídica y social de cualquier Estado responde necesariamente al momento histórico del que estemos tratando; siendo que las ideologías y los hechos históricos terminan dejando su impronta en la conformación de los elementos que integran a ese Estado, reflejándose directamente en cada uno de ellos, dándoles forma y contenido.

Para comprender el desarrollo de los diversos Estados y de sus órdenes normativos en materia económica, siempre en constante cambio y evolución, debemos acercarnos a su historia, conocer sus posturas ideológicas, el desarrollo de sus sociedades, sus relaciones internas sociales, económicas y de poder, y a sus relaciones comerciales en el plano internacional, refiriéndonos, además, a los hechos históricos en que los que se producen.

Siguiendo estos planteamientos, podemos comenzar nuestro análisis esbozando el desarrollo histórico de la regulación del desarrollo de las políticas económicas en nuestro país como un antecedente necesario para comprender el surgimiento del actual sistema de economía mixta, la rectoría económica del Estado y el surgimiento de la Comisión Federal de Competencia Económica como el órgano regulador en materia de competencia.

Entendemos que todo orden normativo surge como una respuesta a las necesidades impuestas por los hechos históricos en una sociedad, así retomamos lo que Baqueiro Rojas y Buenrostro Báez nos apuntan sobre el orden civil y sobre el orden jurídico en general, "las normas civiles han constituido siempre un sistema circunstanciado y que su contenido ha sido determinado por las variables económicas, políticas, sociales y culturales, entre otras, de cada lugar y cada momento histórico, pero conservando, cómo resultado de su evolución en el tiempo, una continuidad que permite seguir hasta nuestros días su desarrollo en la regulación de ciertos fenómenos jurídicos de carácter permanente". [2]

En los albores del surgimiento de nuestro país, en el marco de una primera etapa de desarrollo de la regulación en materia económica, se presentan normas en la materia durante la vigencia de la constitución de 1824, de las siete leyes fundamentales de 1836, las Bases para la Organización Política de la República Mexicana de 1843, y la Constitución de 1857 se determina que correspondería a los Estados de la Federación la protección y fortalecimiento de las actividades económicas.

La norma constitucional de 1857 parte de establecer que las tierras y aguas comprendidas dentro del territorio son de propiedad originaria de la nación, quien podrá imponer a la propiedad privada las modalidades que resulten de interés público, así como consagrar la facultad el Ejecutivo para realizar la expropiación de propiedades privadas

[2] Baquiero Rojas, Edgar, Buenrostro Báez, Rosalía. *Derecho Civil. Introducción y personas.* Oxford. Colección Textos Jurídicos Universitarios. Segunda Edición. Octava reimpresión. México, 2016. Pág. 6.

por causa de utilidad pública, regular las facultades presupuestales y sobre empréstitos del Congreso, a la par de su facultad para regular el comercio exterior y la fijación de aranceles para la protección de la industria nacional.

En nuestro país se presentan antecedentes de las disposiciones antimonopólicas desde la Constitución de 1857, en la que en su artículo 28 recogía la prohibición de la existencia de monopolios y estancos, disposición que fue recogida por la Constitución de 1917 en su propio artículo 28 vigente, donde además de mantener dicha limitación, determina la participación del Estado en la economía al señalar las denominadas áreas estratégicas y prioritarias, en las cuales la intervención de los particulares se encuentra restringida, como nos comenta González Aragón.

En el contexto de nuestro orden jurídico secundario, la regulación de las competencias del Estado en materia económica se presenta contempladas en diversas disposiciones, así, encontramos como antecedentes directos de nuestra actual regulación la *Ley Orgánica en Materia de Monopolios* de 1934, misma en la que restringe el ejercicio de monopolios y prácticas monopólicas atendiendo a los mandatos constitucionales.

En el año de 1950 durante la administración de Miguel Alemán Valdez, como resultado de las políticas que pretendían agilizar la industrialización del país, se promulga la *Ley de Atribuciones del Ejecutivo Federal en Materia Económica* en la que se contienen las facultades al titular del Ejecutivo para intervenir en las diferentes facetas de los procesos productivos, buscándose suprimir los intermediarios innecesarios y otorgando al Ejecutivo la facultad de determinar los precios de venta de ciertos productos, evitando así su acaparamiento con fines de especulación.

Durante las siguientes décadas, las políticas gubernamentales se orientaron a la participación directa del Estado por medio de la creación de empresas públicas en múltiples ámbitos de la economía, llegando a niveles desmesurados durante el gobierno del presidente José López Portillo, lo que, contrario a la proyección de las políticas gubernamentales, terminó convirtiéndose en un factor desestabilizador y deficitario para las finanzas públicas.

Como una respuesta obligada a la profunda crisis económica que llegó a su máximo nivel en 1982, y ya durante la administración del presidente Miguel de la Madrid Hurtado, se establece una nueva orientación de la participación estatal en la actividad económica bajo principios de carácter neoliberal, asumiéndose una política de desincorporación de empresas del ámbito de la administración mediante su desincorporación, privatización, e incluso con su liquidación.

Destacamos que la implementación de estas políticas en el desarrollo de nuestro país parte de la existencia de un marco normativo en el que se otorgan facultades a las instituciones públicas para dirigir la estructura de los diversos ámbitos de la economía nacional, orientándola y regulándola. Políticas y normas que se encuentran comprendidas en el denominado capítulo económico de la Constitución, estableciéndose la rectoría económica del Estado, la cual se formaliza la participación conjunta del mismo y de los agentes privados en la producción y desarrollo económico nacional, dentro del contexto de una economía mixta.

En concordancia con lo que hemos apuntado, nuestro país y otros países a nivel global "…han buscado una particular concepción acerca del Estado y las funciones que debe desempeñar, por lo que para su desarrollo han adoptado principios del neoliberalismo y la posición nacionalista y democrática fundada en una economía mixta bajo una rectoría planificada del Estado. Esta última posición es la que históricamente ha adoptado México y la que se ha reconocido en la Constitución Política". [3]

No obstante, podemos señalar que durante este período se presentan características duales en su regulación, pues al tiempo en que en el artículo 25 de nuestra constitución política prescribe una economía mixta y en el artículo 26 se establece la rectoría económica del Estado, durante el gobierno de Miguel de la Madrid se presenta la adhesión al Acuerdo General sobre Aranceles y Comercio (GATT) y posteriormente con Salinas de Gortari se suscribe el Tratado de Libre Comercio para América del Norte, con las implicaciones político-económicas que la adopción de dichos acuerdos implican para la planeación de la economía del país.

Como un primer resultado de la adopción de estos acuerdos, se impuso la instrumentación de una estrategia denominada *cambio estructural* que se fue instrumentando paulatinamente, implicando una profunda reforma del papel del Estado en el plano económico. En opinión del maestro Witker esta política se presentó en tres grandes faces:

1. Una primera fase en que se inicia una transición del modelo del Estado bienestar al modelo neoliberal que se presenta entre los años de 1983 al 1987.

2. Una segunda fase en la que se adopta el modelo neoliberal a partir de 1987 con la concertación del Pacto de Solidaridad Económica en el plano interno y la reducción unilateral de aranceles en el comercio internacional, y

3. Una tercera fase que comienza con la suscripción en 1994 del Tratado de Libre Comercio de América del Norte, consolidándose el cambio de políticas públicas consolidando la adopción del sistema neoliberal.

Debemos considerar que la intervención del Estado en la economía se traduce ineludiblemente en la existencia de políticas de planeación económica, entendiéndola como una técnica que precisa el curso de la economía de un país. La proyección de estas políticas de planeación en México cristaliza en un Sistema Nacional de Planeación Democrática conforme lo estipulado en los artículos 3, 5, 31, 73, 74, 89, 115, 117, 118, 123 y 131 constitucionales, de manera conjunta con la expedición de la Ley de Planeación, en la que se establecen las metas, estrategias y prioridades gubernamentales, se asignan recursos, se delimitan responsabilidades y se proyectan tiempos de ejecución.

"La rectoría estatal del desarrollo implica, en México, la sistematización y la elevación a rango constitucional de las atribuciones del Estado en la economía, así como

[3] Acosta Romero, Miguel. *Segundo curso de derecho administrativo.* Primera edición. Porrúa. México, 1989. Pág. 673.

la definición de los principios y objetivos que los distintos agentes económicos deben de observar al desarrollar una actividad económica". [4]

Al inicio de la administración de Enrique Peña Nieto se consolida el denominado *Pacto por México,* que se instrumentó como un acuerdo político que permite al Ejecutivo formalizar en el ámbito legislativo, una serie de reformas estructurales que buscaban elevar la productividad y el crecimiento económico, consolidando el afianzamiento del régimen democrático y de libertades.

Este proyecto se materializó lográndose un amplio conjunto de reformas a la Constitución y los ordenamientos secundarios, las cuales se tradujeron en la reorientación de políticas públicas principalmente en once materias, que comprenden:

a) Reforma laboral.
b) Reforma energética.
c) Reformas en materia de competencia económica.
d) Reforma en telecomunicaciones y radiodifusión.
e) Reforma hacendaria.
f) Reforma financiera.
g) Reforma educativa.
h) Reformas en materia de la Ley de Amparo.
i) Reformas en materia penal.
j) Reforma político-electoral.
k) Reforma en materia de transparencia.

Arteaga Nava señala que el texto del artículo 28 es el producto de una larga y constante evolución en la forma en que se plantea la intervención del Estado mexicano en materia económica y comercio. Como un antecedente directo del actual sistema de competencia en nuestro país, es importante señalar que en 1992 se había reformado el Artículo 28 constitucional con el objeto de establecer un marco jurídico que permita generar una nueva estructura orgánica en materia de competencia económica, telecomunicaciones y radiodifusión, creándose en la nueva ley dos órganos constitucionales autónomos la Comisión Federal de Competencia Económica y el Instituto Federal de Telecomunicaciones.

En concordancia con esta nueva orientación de las políticas económicas, durante el 2013, se reforma de nueva cuenta el art. 28 constitucional como consecuencia de aquellas. Las reformas propuestas en materia energética contemplaban la apertura para la participación de los particulares en el sector energético con la generación de electricidad, así como la creación de las empresas productivas del Estado en actividades y áreas fundamentales, como lo son la Comisión Federal de Electricidad y Petróleos Mexicanos, si bien, los resultados obtenidos en esos sectores son parcos, y en la actualidad se han revertido.

El referido artículo 28 constitucional se conforma por una serie de disposiciones que se manifiestan como garantía de la libertad de trabajo y asociación consagrada en el

[4] Muñoz Fraga, Rafael. *Derecho Económico.* Segunda Edición. Facultad de Derecho de la U.N.A.M. y Porrúa. México, 2014. Pág. 121.

artículo 5 para los individuos de dedicarse al trabajo, comercio o industria que les acomode, señalando prohibiciones expresas en cuanto a la existencia de monopolios, prácticas monopólicas y estancos, así como regulando la exención de impuestos y otras prohibiciones que tengan por objeto la protección de la industria nacional, al tiempo que determina aquellas actividades que se encuentran reservadas de manera exclusiva por ser consideradas como estratégicas y prioritarias para el Estado, las cuales no serán consideradas como monopolios.

Por su parte, en política monetaria y de regulación económica establece las funciones y facultades de un banco único de emisión y faculta al Estado para dar creación a los organismos y empresas que considere necesarios para la realización eficaz del manejo de las áreas y actividades señaladas como prioritarias a su cargo, siendo el sustento de las industrias paraestatales y de la economía mixta en nuestro país.

En el mismo sentido, se regula la existencia de la Comisión Federal de Competencia Económica, como un órgano autónomo, con personalidad jurídica y patrimonio propio, que tiene entre sus objetivos garantizar la libre competencia y concurrencia en los mercados, además de prevenir, investigar y combatir los monopolios, las prácticas monopólicas, las concentraciones consideradas ilícitas por la ley, así como las demás restricciones que se puedan presentar y representen la afectación al funcionamiento eficiente de los mercados, en los términos que establece la propia Constitución y sus leyes secundarias.

Siguiendo este orden de ideas, "Del texto del actual artículo. 28 se desprende que las prohibiciones que él consigna existen no solo con el fin de permitir un libre juego del mercado, sino que algunas de ellas están encaminadas a evitar que se conceda a alguien una ventaja indebida, o acciones que perjudiquen al público en general o a alguna clase social". [5]

A pesar de la continuidad en la orientación de estas políticas durante varias administraciones, que presentaban una línea de continuidad en el aspecto económico, en la actual gobierno de Andrés Manuel López Obrador el enfoque del papel del Estado en la economía nacional ha sufrido un viraje de ciento ochenta grados, la anulación de varias de las reformas asumidas como resultado de la denominada reforma del Estado en distintos ámbitos, la propuesta de retomar en la administración central diversas funciones que actualmente son competencia de los órganos constitucionales autónomos y la desaparición de estos, así como la política de crecimiento fundamentada en la actividad de las empresas públicas limitando la participación de los particulares en dichas áreas, representa un planteamiento completamente opuesto a la ruta de desarrollo asumida desde hace décadas en nuestro país, con resultados, a la fecha, aun nada previsibles.

[5] Arteaga Nava, Eliasur. Derecho constitucional. Colección textos jurídicos universitarios. Cuarta edición. Oxford. México, 2013. Pág. 888.

Cap. I. La regulación y la competencia económica.

Toda estructura social humana presupone la existencia de un sistema que amalgama y da forma a las relaciones que se presentan entre sus integrantes, referidas principalmente a una estructura política, una estructura económica y una estructura jurídica que garantice su existencia y continuidad.

Entendemos el derecho y el sistema económico imperante en una determinada comunidad se encuentran indisolublemente ligados, siendo que uno es sostén del otro, no podemos entender una comunidad humana políticamente organizada, sin considerar un sistema económico imperante ni un orden normativo que lo establezca y regule.

En toda organización social humana nos encontramos con la necesidad de contar una estructura política y de relaciones sociales que permita a sus integrantes la obtención de aquellos elementos materiales necesarios para cubrir sus necesidades básicas, de esta forma surgen las diversas formas de organización económica.

Siendo que igualmente, para la existencia de cualquier forma de organización económica es indispensable que se presente un conjunto de normas o reglas jurídicas de conducta con carácter vinculatorio para los integrantes de la comunidad, obligando a estos a seguir y respetar la estructura del sistema económico adoptado.

Partiendo de este dato, al ser un elemento estructural del propio Estado, éste se encuentra obligado a intervenir de forma directa o indirecta en la economía, garantizando así su operatividad entendiendo de una forma muy somera, que la economía es la ciencia que estudia los métodos más eficaces para satisfacer las necesidades materiales humanas mediante el empleo de bienes escasos.

Rafael Muñoz Fraga nos señala que la economía es la actividad que realiza la sociedad en su conjunto para satisfacer sus necesidades materiales, mediante la producción, distribución o consumo de bienes o servicios.

Podemos definir al "Estado como una sociedad humana, asentada permanentemente en un territorio que le corresponde, sujeta a un poder soberano que crea, define y aplica un orden jurídico que estructura la sociedad estatal para obtener el bien público temporal." [6]

Al hablar de una organización estatal, como apunta Basave, necesariamente nos referimos a la existencia de un orden público, el cual tenderá a procurar, directa o indirectamente, todos aquellos bienes materiales, culturales, morales y religiosos que permitan el desarrollo de la persona humana, es decir, el bien común.

[6] Porrúa Pérez, Francisco. *Teoría del estado. Teoría política.* Vigésimo cuarta edición. Porrúa. México, 1991. Pág. 153.

El control de la competencia abarca a la totalidad de los actores y actividades económicas en un país, por ello en el entorno de la doctrina internacional se ha desarrollado el concepto de *neutralidad competitiva*, por el cual entendemos que a pesar de que en un sistema de economía mixta el Estado compite en determinadas actividades económicas relevantes con los particulares, esta circunstancia no debe traducirse en una desventaja competitiva para ellos, debiendo la autoridad reguladora implementar medidas que eviten se generen dichas condiciones que pueden llegar a distorsionar al mercado.

Conforme a la doctrina clásica, el Estado tiene tres funciones fundamentales, la función administrativa, la función legislativa y la función judicial, si bien en la actualidad es de señalarse la existencia de los organismos constitucionales autónomos, los cuales el encontrarse regulados en la norma constitucional tienen asignadas una serie de competencias que representan una vital importancia en la regulación del Estado en diversos ámbitos, de entre los cuales la materia económica tiene una señalada relevancia.

Cada una de estas funciones implica, a su vez, una serie de áreas y materias en donde se cristalizan y que se manifiestan a su vez en otras tantas funciones.

Para Samuelson las principales funciones del Estado en la economía moderna se resumen en las siguientes:

a) Establecer un marco jurídico de la economía de mercado.

b) Determinar la política de estabilización económica.

c) Influir en la determinación de recursos para fomentar la eficiencia económica.

d) Establecer programas que influyan en la distribución del ingreso.

1.1. Políticas públicas de regulación.

Las políticas económicas se refieren a los fines mediatos o inmediatos que el Estado pretende alcanzar al intervenir en el proceso económico. La intervención del Estado en la economía se presenta en una mayor o menor medida atendiendo al sistema económico imperante, sin embargo, esta intervención se produce traduciéndose en un conjunto de políticas económicas que asume.

"Lo expuesto conlleva a concluir que la política económica va a consistir en el conjunto de instrumentos y acciones que el Estado realiza al intervenir en la economía para lograr determinados fines económicos, políticos y sociales; sin perder de vista que la política económica responderá al modelo económico imperante y dará lugar a una determinada política jurídica" [7]

Las políticas económicas del Estado se instrumentalizan por medio de diversas políticas públicas en diversas áreas de la actividad estatal:

- Política Fiscal
- Política Monetaria
- Política Financiera
- Política Reguladora
- Política de Inversiones
- Políticas Emergentes
- Política Laboral.

Según Sergio Domínguez, dentro de las políticas económicas del Estado, su actividad se manifiesta en dos vías:

1. Indirectas: Cuando el estado asume su función de legislador por:

   a) Vía de estímulo: por medio de políticas fiscales y hacendarias destinadas a incentivar las diversas actividades productivas.

   b) Vía reglamentaria: con la legislación para regular las actividades empresariales y comerciales.

   c) Vía de protección: mediante el empleo de medidas arancelarias y de control de importaciones para proteger a los productores nacionales.

2. Directas: que implican la participación directa del Estrado en los mercados en su calidad de agente económico.

La intervención estatal en la economía se remonta históricamente al S XVI en la figura del Estado absolutista, el que bajo el esquema mercantilista asumiría la dirección económica con el empleo de políticas de supresión de barreras a los particulares en el mercado interno y alentaba la exportación de bienes de consumo, como acertadamente apunta Acosta.

La intervención del Estado en la economía necesariamente implica la existencia de la planeación económica, la cual entendemos como la técnica para precisar el curso de

[7] Rojas Castro, María Ovidia. *Derecho económico en México. Legislación y realidad.* Segunda edición. Porrúa México, 2018. Pág. 7.

la economía de un país. En México esta planeación se materializa en un Sistema Nacional de Planeación Democrática conforme lo estipulado en los artículos 3, 5, 31, 73, 74, 89, 115, 117, 118, 123 y 131 de nuestra norma constitucional, junto con la expedición de la Ley de Planeación, donde se fijan metas, estrategias y prioridades, asignando recursos, responsabilidades y tiempos de ejecución.

"Comprendemos dentro del concepto de constitución económica la ordenación fundamental de las relaciones económicas, de los procedimientos de creación de normas de regulación económica, las instituciones públicas que regulan aplican y resuelven controversias respecto de tales relaciones" [8]

Siguiendo a nuestro autor nos señala que, desde una apreciación estática de nuestra constitución económica se refiere a:

1. Sujetos cuyas actividades un carácter económico, entendido como las actividades referentes a la producción, intercambio, distribución y consumo de bienes y servicios.

2. Actividades que presuponen la existencia de libertades para los agentes económicos en cuanto a la toma de decisiones sobre la propiedad y posesión de sus bienes, o sobre la libertad de trabajo, concurrencia, competencia económica, prohibición de monopolios, y

3. Lo referente a los entes públicos que tienen competencias para actuar como reguladores y garantes de la actividad económica.

En la Constitución política de los Estados Unidos Mexicanos (en adelante CPEUM) se establece el marco del sistema económico de nuestro país, que en opinión de Jorge Witker se consolida durante la década de los años ochenta del siglo pasado con la introducción del denominado Capítulo Económico de la Constitución durante el gobierno de Miguel de la Madrid Hurtado.

El orden público económico como parte integrante de la estructura vertebral de nuestro orden constitucional y de la gobernabilidad de la sociedad mexicana, establece un sistema económico fundamentado en:

a) Establece un régimen de economía mixta.

b) Ratifica la rectoría económica del Estado.

[8] Roldán Xopa, José. *La ordenación constitucional de la economía. Del Estado regulador al Estado Garante.* Presentación de José Ramón Cossío Díaz. Política y Derecho. Serie Constitución 1917. Primera edición. Fondo de Cultura Económica. México, 2018. Pág. 39.

c) Diseña el sistema de planeación democrática.

El sistema de economía mixta imperante en nuestro país se materializa en los siguientes principios:

1. Establece un régimen de propiedad pública.

2. Determina la existencia de áreas estratégicas bajo el control directo del Estado, con base en los arts. 26, 27 y 28 CPEUM.

3. Se establece la propiedad privada limitándose en atención del interés público.

4. Define la rectoría económica del Estado.

5. Incluye a los sectores público, privado y social en las tareas de desarrollo.

6. Faculta al Estado para la planeación democrática del desarrollo económico.

7. Promueve un mercado competitivo previniendo los monopolios, las concentraciones ilícitas y otras prácticas anticompetitivas.

8. La existencia de monopolios estatales en áreas estratégicas.

9. Faculta al Estado para intervenir en la economía para impulsar el desarrollo social, la distribución equitativa de la riqueza y el mejoramiento de las condiciones de vida.

Cómo apunta Muñoz Fraga, con nuestra norma constitucional vigente surge el *Constitucionalismo Social* ya que no se limita a establecer las bases de organización del Estado y a proteger los derechos humanos, sino que incorpora los denominados derechos sociales y establece las bases de nuestro sistema económico y el dominio originario de la Nación sobre los recursos naturales.

La orientación del Estado a lo largo del S XX ha variado desde la creación del Banco Central, la expropiación petrolera y la Reforma Agraria, pasando por un período durante los años 70 del llamado *Desarrollo estabilizador* en el que el gobierno asume una importante participación en la economía, hasta un último período a partir de los años ochenta y noventa del siglo pasado en el que se ha privilegiado la participación privada, nacional y extranjera, en demerito del sector público y social.

"Formalmente hablando, el primer sistema de planeación se desarrolló en el Plan Global de Desarrollo 1980-1982, que definió las bases de la planeación nacional. Posteriormente se constitucionalizó junto con el conjunto de reformas y adiciones en materia económica que se aprobaron en 1982. El objeto de esa inclusión fue la de establecer expresamente las atribuciones y bases de la planeación democrática, como una actividad que no sería exclusiva del Ejecutivo Federal, sino que incluía, en el proceso de formación, la participación de la sociedad como un avance político, económico y social." [9]

Durante el gobierno de Miguel de la Madrid Hurtado se incorporó a nuestra norma constitucional el denominado *Capítulo Económico,* el cual, como señalan varios autores, se encuentra enmarcado en el capítulo de las garantías individuales, comprendiendo los artículos 25, 26, 27 y 28 CPEUM.

El artículo 25 establece la rectoría económica del Estado y del desarrollo nacional, buscando que sea integral y sustentable, favoreciendo la soberanía de la Nación y su régimen democrático, el empleo y la justa distribución de la riqueza, permitiendo la libertad y dignidad de individuos, grupos y clases sociales.

Por su arte, el artículo 26 establece que el Estado organizará un Sistema de Planeación Democrática del desarrollo Nacional, que imprima solidez, dinamismo, permanencia y equidad al crecimiento económico, para lograr la independencia y la democratización política, social y cultural de la nación.

El artículo 27 CPEUM declara la propiedad originaria de la Nación sobre las tierras y aguas comprendidas en el territorio nacional, reconociendo el derecho del Estado a transmitir su dominio a los particulares y fijar las modalidades a la propiedad privada que dicte el interés nacional, así como la regulación de los elementos naturales susceptibles de apropiación, con el objeto de hacer una distribución equitativa de la riqueza.

En el artículo 28 de nuestra norma constitucional se contienen los principios que rigen la libre competencia, estableciendo la prohibición de la existencia de monopolios, prácticas monopólicas, los estancos y exenciones de impuestos a título de protección a la industria.

En la actualidad en el numeral 28 se contempla igualmente la existencia, estructura y funcionamiento de la Comisión Federal de Competencia Económica (en adelante COFECE) y del Instituto Federal de Telecomunicaciones (en adelante IFETEL), circunstancia que entendemos debiera de estar contemplada a nivel de la norma secundaria y no en el plano constitucional, pero, siguiendo los planteamientos del Arteaga Nava, por la trascendencia que para el gobierno representan estas regulaciones, al consagrarlas a nivel de la CPEUM se garantiza su estabilidad, al resultar que para su

[9] Romero Michel, Jessica C. *Derecho económico.* Primera edición. Colección Textos Jurídicos Universitarios. Oxford. México, 2015. Pág. 39.

modificación se requiere de un procedimiento especial para la reforma de la Constitución, garantizando que su estructura no se verá alterada a capricho del legislador.

En lo tocante al artículo 133, se establece que todos los acuerdos y tratados internacionales que celebre el Ejecutivo y sean ratificados por el Senado tendrán el carácter de ley suprema de la Unión.

Como apuntamos en su oportunidad, la regulación económica del Estado se encuentra directamente determinada por el sistema económico imperante en un momento histórico específico, en este sentido, es necesario que reparemos en los diversos sistemas económicos para poder delimitar y entender la orientación de la intervención del Estado en la economía en atención a la consecución del bien común de conformidad con la orientación ideológica de cada sistema.

1.2. Sistemas económicos.

El objeto de referirnos en este apartado a los más importantes sistemas económicos imperantes a nivel global tiene su razón de ser, por una parte, en permitirnos dimensionar la estructura de la libertad de actuación de los agentes económicos en el seno de los mercados, así como especificar y conceptualizar la importancia del grado de intervención del Estado en su consolidación y desarrollo.

Una mayor intervención del Estado en la programación y regulación económica, se traduce en una planeación de objetivos y una mucho menor libertad de los particulares para desarrollarse en diferentes actividades, por el contrario, una menor participación y programación económica por parte de aquel, se verá traducida en una disminución de las proyecciones estatales y en una mayor libertad para el individuo de desarrollar sus actividades en los más variados ámbitos, siempre y cuando sean lícitos, en ejercicio de su libertad de elección.

El control de la competencia abarca a la totalidad de los actores y actividades económicas en un país, por ello en el entorno de la doctrina internacional se ha desarrollado el concepto de neutralidad competitiva, por el cual entendemos que a pesar de que en un sistema de economía mixta el Estado compite en determinadas actividades económicas relevantes con los particulares, esta circunstancia no debe traducirse en una desventaja competitiva para ellos, debiendo la autoridad reguladora implementar medidas que eviten se generen dichas condiciones que pueden llegar a distorsionar al mercado.

Siguiendo los planteamientos expuestos, podemos subrayar el papel del ente público con la instrumentación de políticas regulatorias y su actividad como agente económico en la programación y desarrollo económico, será un elemento determinante para entender y asignar el rol que, por su parte, le corresponderá desempeñar a la iniciativa de los agentes particulares como motores del desarrollo económico, tanto a un nivel nacional como en su proyección en un plano internacional.

1.2.1. Sistema capitalista clásico.

Cómo nos apunta Eduardo Andrade Sánchez, la intervención del Estado en materia económica se ha presentado principalmente desde el surgimiento de los Estados Nacionales durante el apogeo del mercantilismo, el problema del proteccionismo se presenta en la historia desde el S XIV.

Un antecedente del pensamiento individualista liberal lo tenemos en el puritanismo religioso ingles del S XVII, esta corriente sostiene la relación íntima con Dios y fomentaban la participación colectiva en la toma de decisiones de la iglesia.

Durante el imperio de los liberales contemporáneo a la revolución francesa Burgot sostenía que el libre juego de las fuerzas económicas era la clave de la felicidad, debiendo el gobierno abstenerse de intervenir en materia económica.

Para referirnos a las características del sistema capitalista debemos señalar que estas se representan en diversa intensidad y sentido atendiendo a la etapa del desarrollo y la corriente económica imperante.

Destacamos como características del sistema capitalista liberal las siguientes:

1. Fundado en una filosofía liberalista sobrepone el interés privado al colectivo limitado la actuación del Estado y el derecho a funciones de orientación.

2. Prevalecen los intereses individuales sobre los intereses generales y colectivos.

3. Se reconoce y protege como una condición ineludible del desarrollo económico la libertad de tránsito, de asociación y de trabajo.

4. El orden normativo limita la actividad del Estado en materia económica a ciertas actividades reguladoras, excluyendo su participación directa como agente económico.

5. Reconoce como fin el lucro como fundamento de la actividad económica de los particulares.

6. Establece una serie de restricciones a la propiedad pública, limitándola a aquellos bienes indispensables para la consecución de los fines básicos del Estado.

7. El mercado autorregula a la economía conforme al principio de la mano invisible del mercado, el mercado se autorregula en cuanto a la cantidad, calidad y precio de los bienes y servicios conforme a las leyes de la oferta y la demanda.

8. Procura ampliar y consolidar el mercado de consumidores.

1.2.2. Sistema Socialista.

Como resultado de las inconformidades generadas por los desequilibrios sociales derivadas de la Revolución Industrial, el insuficiente desarrollo de las instituciones democráticas, aunado a la desenfrenada especulación financiera generó el surgimiento del Estado Socialista.

Podemos distinguir entre los llamados socialistas utópicos entre los que destaca Proudhom y los llamados socialistas científicos representados por Marx y Engels, ellos sostuvieron la teoría de la plusvalía señalando que el trabajo de los obreros otorga un valor agregado a los bienes, mismo que es acaparado por los propietarios de los medios de producción.

El socialismo científico se opuso al pensamiento de los socialistas utópicos fundamentan su teoría en el materialismo histórico, para ellos el motor de la historia radica en la dimensión de las fuerzas productivas y la lucha de clases, sosteniendo la existencia de una serie de etapas en el desarrollo de la historia que culminará con la revolución del proletariado y la desaparición de las superestructuras capitalistas.

Para los socialistas científicos la burguesía se presenta como una revolución necesaria para la evolución de un sistema de producción feudal y su evolución a un nuevo sistema de producción industrializado, sin embargo, siguiendo esta misma lógica, el desarrollo histórico exige ahora una nueva evolución que extinga el sistema capitalista, dando lugar a la dictadura del proletariado que desmantelará todas las superestructuras capitalistas para dar lugar finalmente a un sistema comunista como punto superior de esta evolución.

Para llegar a la abolición del Estado y a una sociedad comunista en que cada individuo aportaría a la sociedad de acuerdo con sus capacidades y recibiría de acuerdo con sus necesidades, se tendría que pasar por un período denominado dictadura del proletariado, cuya finalidad sería abolir la democracia burguesa y la división de poderes por la unidad del poder en asambleas denominadas soviets, en las que se manifestarían los participantes de los obreros, los pueblos y las comunidades locales.

La supresión de la propiedad privada de los medios de producción da lugar a dos tipos de propiedad, la propiedad pública o estatal y la propiedad colectiva de los trabajadores de unidades concretas de producción, quienes no son propietarios, pero participan en la toma de decisiones de la unidad productiva.

A pesar de que siguiendo la lógica del materialismo histórico para Marx y Engels la evolución hacia el socialismo se produciría en los Estados con un alto desarrollo de la clase burguesa y el capitalismo, lo cierto es que la primera revolución socialista se generó en un país con profundas raíces feudales y con una limitado desarrollo capitalista, lo cual en principio resulta contradictorio con su propio fundamento teórico por etapas, sin embargo Lenin y sus seguidores los bolcheviques sostuvieron que el cambio podría realizarse mediante la toma violenta del poder por parte del proletariado ante la ausencia de una burguesía consolidada.

Como nos aclara Agustín Laje dentro del seno de la Segunda Internacional Socialista, se recurrió al concepto de Gueorgui Plenajov de la hegemonía, en el entendido de que ante el escaso desarrollo económico ruso y la debilidad de su burguesía para cumplir su obligación histórica, la clase obrera debía hegemonizar asumiendo las tareas que correspondían a aquella.

Por primera vez en la historia, el poder político de este tipo de Estados surge de una ideología previamente establecida y no de las condiciones sociales de un momento histórico en una sociedad determinada, siendo que, finalmente, esta ideología cristalizó en la organización económica y la situación sociopolítica.

Muñoz Fraga señala como elementos característicos del sistema socialista:

1. El Estado suplanta totalmente al mercado en el desarrollo económico, programando las actividades económicas conforme a una planeación centralizada con objetivos específicos de desarrollo.

2. Se presenta la extinción de la propiedad privada de los medios de producción estableciéndose la propiedad social.

3. La planificación centralizada de la actividad económica se materializó en el sistema soviético con Stalin en que se implantó la figura de los planes quinquenales.

4. La producción de bienes y servicios se regirá en función de las necesidades de la sociedad y no de las preferencias del mercado.

5. En el aspecto político se fundamenta en el establecimiento de un sistema de partido político único.

En la actualidad podemos señalar que el sistema socialista como sistema económico se practica en un reducido número de países, sin embargo, en el contexto político su vigencia se presenta en el contexto internacional en varios sistemas políticos bajo el concepto de socialismo del S XXI, término que se atribuye en 1996 a Heinz Dieterich Steffan, y que fue empleado por Hugo Chávez durante su carrera política en Venezuela.

En esencia, el socialismo del S XXI sostiene las mismas teorías y principios marxistas sobre la propiedad privada, la economía proteccionista, y un mismo corte antimperialista y antiliberal del marxismo del siglo pasado, si bien sus pensadores como Hernecker criticaron la falta de democracia, el totalitarismo y la burocracia como los principales problemas que propiciaron el colapso de la URSS.

En el plano ideológico, esta corriente sostiene que no se debe producir la toma violenta del poder en un Estado, sino que la revolución se inicia, según Gramsci, si se cambian las ideas y las instituciones sobre las que descansa el capitalismo. Sin embargo, para esta corriente, la forma de alcanzar el poder no radica en la violencia, sino en la educación, por medio de la cual se dará legitimidad a una nueva clase dirigente y a un nuevo sistema económico y político.

El principio de la *guerra de posiciones* implica un trabajo de penetración cultural por parte del grupo de intelectuales para lograr la hegemonía y modificar la estructura del Estado. El pensador español Juan Carlos Monedero sostiene que el sistema capitalista debe de ser superado por un régimen en que primen las *necesidades sociales,* que se determinaran con el diálogo libre y abierto de la comunidad, fundándose en la estructura de las *empresas de producción social.*

Como nos señalan Gloria Álvarez y Axel Kaiser, en este mismo orden Monedero apunta que, el proyecto supera lo puramente económico debiendo reinventar la cultura, los sistemas normativos, la política y la economía. En el mismo orden de ideas, para el argentino Norberto Ceresole las fuerzas armadas no son solamente un garante del orden, sino que deben participar activamente en la promoción del bienestar social, la solidaridad y la satisfacción de las necesidades colectivas

Esta doctrina es sostenida por un número considerable de pensadores latinoamericanos, como el uruguayo Sirio López Velazco, el argentino Atilio Borón, el venezolano Rigoberto Lanz y otros pensadores, desligándose en parte del planteamiento estrictamente clasista minimizándolo y tomando como estandartes nuevas corrientes ideológicas posmodernas en el ámbito de los valores occidentales.

1.2.3. Sistema de Economía Mixta.

Como la respuesta más visible a la Gran depresión de 1929 se imponen las teorías económicas de Keynes sobre la necesidad de la intervención del Estado activamente en la actividad económica, ideas que terminaron materializándose con el surgimiento en el año de 1933 durante la presidencia de Franklin Delano Roosevelt con la implementación de la llamada política del *New Deal* (nuevo trato), que se fundamenta en la estructuración de programas a largo plazo para la recuperación agraria e industrial en los Estados Unidos.

Al término de la Segunda gran Guerra y ante los retos que implicaba la reconstrucción europea (*Plan Marshall*) se imponen las políticas Keynesianas con la denominada planificación flexible, surgiendo las bases del denominado Estado Bienestar.

Los Estados asumen la teoría postulada por Keynes en la década de los años veinte y se genera el denominado Estado Bienestar; entendemos que el fundamento ideológico de este Estado se fundamenta en la instrumentalización de una serie de políticas de orden social que buscan proporcionar a los habitantes satisfactores en diversos ámbitos respondiendo a las necesidades sociales un materias relacionadas con la creación de empleos productivos, educación básica, atención a la salud, vivienda, recreación, pensiones de invalidez, vejez y muerte, etc., siendo consideraciones de justicia social como un orden de las cosas y no como una beneficencia.

Algunos autores señalan que la Constitución mexicana de 1917 fue una de las primeras en donde se plantea la intervención del Estado en el bienestar social al prever un sistema de seguridad social y fijar limitantes a la propiedad privada, así como el control estatal en determinadas ramas económicas.

En este orden de ideas, podemos señalar como características fundamentales del sistema de economía mixta:

1. Se distingue la existencia de diversas formas de propiedad de los medios de producción y el control del Estado sobre diversas áreas económicas consideradas como estratégicas y prioritarias para el desarrollo de la economía del país.

2. El Estado asume la conducción del desarrollo económico mediante la programación del desarrollo, presentándose la coexistencia de empresas públicas y privadas.

3. Se promueven políticas públicas orientadas a generar la liberación de sectores vinculados al exterior (inversión extranjera) y la proyección internacional de la economía.

4. Se regulan los excesos de las condiciones de mercado, respetando y apoyando la iniciativa individual.

5. El Estado asume la responsabilidad de compensar diferencias entre los distintos grupos sociales como fundamento de sus políticas públicas.

1.2.4. Neoliberalismo.

Como una respuesta a la doctrina Keynesiana en la década de los años cincuenta del siglo pasado surge la denominada Escuela de Chicago, que propugna por el neoliberalismo que deja en manos del mercado el autocontrol de la economía y limita la actuación del Estado, a diferencia del capitalismo liberal multinacional, a establecer y garantizar la existencia de un orden normativo.

En la década de los años 70 el filósofo Habermas señala como una fuerte crítica a la situación europea, que las funciones del Estado Bienestar conducían a la estatización de la sociedad, la actividad estatal en detrimento del mercado genera una hipertrofia y disfuncionalidad del Estado, misma que debía de ser combatida por la actividad privada en el seno de la sociedad civil sin la tutela estatal.

La manifestación más concreta de la corriente neoliberal se materializa en la denominada Globalización Económica y los acuerdos de integración económica por virtud de los cuales los Estados se comprometen a reducir los aranceles y las barreras no arancelarias al comercio.

Como nos apunta Pérez Miranda, para esta escuela se relativiza la aplicación de normas antimonopólicas, que son consideradas ineficientes y costosas, limitándolas a los casos en que causen perjuicios evidentes, permitiendo las concentraciones económicas que deriven en una mayor eficiencia de las empresas concernidas. Criterio imperante entre las autoridades de competencia en los Estados Unidos durante la década de los años ochenta del siglo pasado.

Bajo este criterio, se argumentó para su adopción en cuanto a la conveniencia de la aplicación de interpretaciones permisivas, que concedan cierta elasticidad que permita a las empresas nacionales competir con las empresas transnacionales de grandes dimensiones.

Continuando con el desarrollo de los argumentos esgrimidos se sostiene que la aplicación estricta de una regulación que restrinja la existencia de monopolios, presenta la problemática de distinguir si se debe sancionar a una empresa que ha logrado una situación privilegiada por el natural desarrollo de su actividad respetando las normas éticas de la economía de mercado, o si por su parte, el legislador se encuentra facultado para analizar la racionalidad de las circunstancias que originaron el monopolio, y si el comportamiento del mismo es razonable, y no degenera en actuaciones que alteren las condiciones del mercado en que se desarrolla.

El pensamiento de Nozick sostiene que el pensamiento neoliberalista se fundamenta en tres tesis que concentran sus posturas ideológicas:

a) Una tesis moral: basada en la idea de que los individuos tenemos ciertos derechos que únicamente pueden alternarse si su ejercicio pone en peligro los derechos de otros, de una manera que sea de la competencia del Estado.

b) Una tesis política: consiste en afirmar que el Estado tiene la obligación de protegernos, pero no de imponernos metas o propósitos. Un Estado paternalista, por definición, expande sus atribuciones de una manera ilegítima ya que trata a los individuos como si no supieran lo que quieren.

c) Una tesis económica: que se estructura sobre la idea de la eficiencia del mercado. El mercado es la única institución que no viola los derechos de los hombres porque no les impone cargas que ellos no desean tener. Al mismo tiempo permite que los individuos gasten sus recursos como más les conviene y con quien más les conviene. Lo único que no está permitido es el monopolio, ya que evita la competencia.

Los principales pensadores representantes de esta corriente sustentan:

a) Se basan en Schumpeter quien sostiene la teoría de la destrucción creadora, la innovación tecnológica y el libre emprendedor ponen en movimiento la economía y la sacan del estado estacionario que producen las crisis, respondiendo a la lógica del capitalismo.

b) Hayek postula la existencia de un Estado mínimo desprovisto de todo poder de intervención económica.

c) Milton Friedman sostiene que el mercado es un sistema científico perfecto en el cual cada participante actúa en interés propio, el denominado egoísmo maximizador, generando la mayor cantidad de ventajas posibles para todos.

d) El Estado tiene como principal función proteger la libertad de sus enemigos externos, requiriendo el reinado de la ley y el orden que garantice la libre concurrencia de los agentes económicos en los mercados.

Por su parte, Von Hayek sostiene que las normas morales mínimas de mercado serían:

1) Respeto a la propiedad privada.

2) Honestidad en las transacciones (juego limpio).

3) Fidelidad a las obligaciones controladas libremente.

4) Respeto al ahorro.

Desarrollando los planteamientos anteriores, podemos señalar como características propias del sistema neoliberal:

a) Eliminación de déficit presupuestal, eliminando todo tipo de subsidios a la producción y los servicios.

b) Reducción del Estado con la disminución de la burocrática y privatización de empresas públicas, así como un menor control estatal a la economía privilegiando la libertad empresarial, implementando medidas sobre:

    1. Eliminación de controles de precios;

    2. Desgravar el capital, y

    3. La fijación de salarios en función de las leyes de la oferta-demanda.

c) Apertura indiscriminada a la inversión y a las mercancías del exterior, mediante políticas y leyes que posibiliten la apertura, aunada a la reducción al gasto público.

d) Mayor libertad económica a monopolios, al considerar a los monopolios naturales como benéficos para la actividad económica.

1.2.5. Escuela Post-Chicago.

Debido a la gran cantidad de críticas que la postura de la escuela de Chicago ha generado, durante la década de los años ochenta surge la denominada escuela de Post-Chicago, la cual sostiene igualmente la importancia de la eficiencia y de los mercados libres, sin embargo, considera que los mismos no son automáticamente efectivos.

Para esta escuela el bienestar del consumidor es el objetivo de la competencia económica, pero, a partir de que los mercados no funcionan perfectamente por si solos, requieren de una mayor supervisión de las autoridades de competencia.

La diferencia radica en que, ante las condiciones ambiguas del mercado para promover la eficiencia, proponen una intervención agresiva de las autoridades a fin de garantizarla, en oposición a la autorregulación de los mercados sostenida por los neoliberales.

1.2.6. Ordo-liberalismo.

Se suele considerar como sinónimos los conceptos de Estado Bienestar y el de Estado Social de Derecho, siendo que ambos conceptos surgen como una respuesta al liberalismo clásico con posterioridad a la segunda guerra mundial en Europa, sin embargo en opinión de Botero Gómez que cita a García-Pelayo "Es una palabra, el *Walfare State* se refiere a un aspecto de la acción del Estado no exclusivo de nuestro tiempo (…), mientras que el Estado Social se refiere a los aspectos totales de una configuración estatal típica de nuestra época" [10]

Entendemos que como apunta Villar Borda el *Estado Social de Derecho* como un orden que emana de la propia constitución e incorpora al orden jurídico no sólo el respeto a los derechos políticos y civiles, sino que se extiende a la incorporar adicionalmente a los derechos de Segunda y Tercera generación en la estructura del orden normativo.

En este sentido, los ordo-liberales delimitan los conceptos de *economía social* y *economía de mercado socialmente responsable* atribuibles a Ludwin Erdherd, basándose en los principios de subsidiariedad y solidaridad, pregonando la moderación del liberalismo clásico al considerar el componente social como un deber ético en la economía, planteando en un marco de libre mercado la intervención para el desarrollo de un marco normativo que prevenga las consecuencia negativas de los ciclos económicos,

[10] Botero Gómez, Santiago. *Empresa, Sociedad y Derecho. Teoría general sobre la función social de la empresa.* Prólogo de Martínez Muñoz, Juan Antonio. Primera edición. Universidad Complutense, Red Internacional de Juristas para la Integración Americana y Porrúa. México, 2015. Pág. 133.

el existencia de monopolios distorsionadores del mercado y proteja a las capas sociales vulnerables ante los flujos propios del mercado.

Siguiendo este orden se delimita la función social de la propiedad que no implica un límite al ejercicio de este derecho, sino que se traduce en un núcleo esencial, reconociendo la propiedad privada de los individuos, pero siendo matizada por la función social de la misma en atención al bien común. Lo anterior es remarcado por el Tribunal Constitucional de España en su sentencia STC 37/1987, al considerar que la propiedad establecidos por la ley considerados como integrantes del propio derecho.

Esta escuela es el fundamento europeo del derecho de competencia, su objetivo principal es la protección de la libertad económica de los participantes del mercado, usando el derecho para proteger a los mercados de las distorsiones generadas por el poder público y los entes privados con poder económico.

Se funda en la idea de que el pequeño empresario es la columna vertebral de la economía, argumentando que el interés de los consumidores se encuentra mejor protegido con la igualdad comercial entre los minoristas y los pequeños productores.

Igualmente sostiene el rechazo a la competencia destructiva y el miedo a la grande industria por su poder de determinar el precio de bienes y servicios, considerando como apuntamos la función social de la propiedad privada.

1.2.7. Personalismo.

Como resultado de la gran depresión de 1929, se presentan diversas corrientes ideológicas que proponen opciones para evitar la repetición de las condiciones económicas que propiciaron la hecatombe, ofreciendo diversas visiones del fenómeno económico. En esta línea surge el denominado personalismo o socialcristianismo cuyo principal representante es Emmanuel Mounier que propone redimensionar la economía haciendo de la persona su principal centro.

Esta corriente se está sosteniendo actualmente en el contexto de la crisis europea por diversas comunidades y ONG'S que sostienen la necesidad de la denominada renta mínima, concepto del cual se han adueñado varias organizaciones políticas usándolo como estandarte de sus proyectos políticos.

Al tiempo en que, por su parte, sostiene el concepto del salario máximo que consiste en limitar el monto de las remuneraciones salariales de un pequeño sector que representa la aristocracia laboral, cuyas rentas resultan abusivas comparadas con el general de los trabajadores.

La doctrina del personalismo se diferencia por las siguientes características:

a) Pugna por un orden ético basado en la doctrina social cristiana.

b) La libertad individual queda limitada por las normas de la ley moral, siendo la cooperación y solidaridad social un deber moral del individuo.

c) El Estado tiene el deber de subsidiar a las sociedades menores, debiendo el Estado debe intervenir auxiliando a grupos sociales desvalidos para la consecución del bien común.

d) La competencia se encuentra limitada en su subordinación a la ética y el bien común, y

e) A diferencia del neoliberalismo, para fijar los salarios el principio de rendimiento debe complementarse con el de necesidad.

Cap. II. Antecedentes de las regulaciones en materia económica.

Si bien durante las últimas décadas del siglo pasado, señaladamente a partir de la década de los ochenta, el fenómeno de la globalización económica y la apertura comercial ha sido una constante a nivel global, en los últimos años el paradigma de la apertura de los mercados se ha visto redimensionado, en los Estados Unidos de Norte América (en adelante EUA) a partir del 2017 durante el gobierno de Donald Trump y como resultado de las múltiples decisiones proteccionistas en el ámbito económico, y en Europa a partir del éxito del *brexit* en el 2016 que planteó un fuerte reacomodo de la estructura de la Unión europea (en adelante UE).

Por su parte, en nuestro país con la llegada al poder de la actual administración de López Obrador, los cambios generados en las políticas económicas se alejan de la proyección a la apertura comercial de las anteriores administraciones, dejando relegadas las propuestas contenidas en la reforma del Estado planteada en el denominado *Plan por México,* orientando las políticas públicas con un sustento en las empresas públicas en un sentido diametralmente opuesto al planteado anteriormente.

A pesar de los cambios que se han generado en el ámbito de la apertura económica a nivel global y en nuestro país, es conveniente que analicemos, de forma somera, el desarrollo que las regulaciones de competencia económica han mantenido a nivel mundial, refiriéndonos a los sistemas más representativos, para, posteriormente, analizar las circunstancias en nuestro país.

2.1. Estados Unidos de América.

Es en los EUA, en atención a las enormes dimensiones de su economía, en donde se comienza a desarrollar el derecho de la competencia económica y en donde mayor experiencia se ha tenido sobre el control de prácticas monopólicas y concentraciones ilícitas que dañan a los mercados.

Como preámbulo para comprender la posición preponderante de este país en la materia que tratamos nos debemos remitir a sus antecedentes históricos, así, durante el S. XIX con el acelerado desarrollo económico surgen grandes conglomerados o trust empresariales que impusieron la realización de prácticas predatorias y monopólicas para excluir a otros competidores del mercado.

Ante las prácticas de *Standar Oil* que buscaba acaparar la producción y distribución del petróleo y sus derivados imponiendo restricciones al comercio interestatal, surge la primera ley para el combate de los monopolios y la regulación de prácticas monopólicas en la defensa de la libre concurrencia de los competidores en los mercados. Con anterioridad a esta ley las conductas restrictivas al comercio y las prácticas monopólicas eran tratadas conforme a los principios de la *common law,* no es hasta el

1890 en que estas conductas reciben una regulación específica con *Ley Sherman (Sherman Act).*

Podemos resumir los contenidos de la ley que analizamos en los siguientes puntos:

a) Considera ilegales toda clase de acuerdos que restrinjan la competencia entre los diversos Estados y con las naciones extranjeras.

b) Prohíbe la monopolización o cualquier intento de monopolizar cualquier etapa del comercio interestatal.

c) El departamento de Justicia tendrá competencia para conocer de estas prácticas.

d) Se señalan sanciones consistentes en elevadas multas e incluso prisión para quienes cometan estas conductas (350 mil dólares para personas físicas y hasta 10 millones para personas morales, así como cárcel de hasta 3 años por cada delito).

Ante las insuficiencias de la ley que tratamos, con posterioridad se promulga la denominada *Ley Clayton,* misma que hace referencia en particular a la regulación e las concentraciones empresariales que pudieren generar alteraciones negativas a la libre competencia y concurrencia en los mercados.

Se promulga en 1941 para enmendar las diferencias de la Ley Sherman, siendo reformada en 1950 para adecuarla a las nuevas condiciones de los mercados. Es un ordenamiento de carácter civil que a diferencia de su antecesora no contiene sanciones penales para los infractores.

Se refiere principalmente a diversas conductas realizadas por los agentes económicos, de entre las que podemos señalar:

1.- Discriminación de precios entre distintos compradores, si tal discriminación reduce la competencia o tiende a la creación de un monopolio.

2.- Busca evitar actos que puedan afectar la libre competencia (ejemplo: ventas condicionadas).

3.- Las fusiones o adquisiciones de cierta envergadura deben ser notificadas previamente a la División Antimonopolio y a la Comisión Federal de Comercio.

4.- El gobierno podrá vetar cualquier fusión o adquisición que pueda provocar se eleve el precio para los consumidores.

Paralelamente existen otras dos disposiciones que, si bien no son propiamente antimonopólicas, se refieren a circunstancias que pueden alterar el mercado y propiciar prácticas anticompetitivas por concentraciones económicas de empresas o porque la adquisición del control de alguna empresa pueda poner en peligro la seguridad de los Estados Unidos.

La *Ley Hart-Scott Rodino (Antitrust Improvements Act),* se promulga en 1976, que si bien no siendo una ley sustantiva antimonopolio, tiene por objeto ser un estatuto de procedimientos para algunas categorías de adquisiciones, permitiendo que la autoridad tenga previamente la información necesaria para valuar estas operaciones bajo los principios de ley.

Conforme a esta disposición, para que una operación deba ser notificada a la autoridad reguladora deberá atenderse a las dimensiones de la misma, ya bien sea entre personas físicas comerciantes en las cuales deberá de ser notificada previamente si la persona que la realice tenga operaciones anuales equivalentes a los 130 millones de dólares, o tratándose de personas jurídicas cuándo el tamaño de la transacción rebase el umbral de los 62.5. millones de dólares.

El procedimiento de información para la aprobación de la operación es de 30 días a partir de la notificación ante la autoridad revisora, pudiendo realizarse una segunda solicitud en el supuesto de que aquella considere que no se reúnen los elementos de información requeridos, agregando la información solicitada con un plazo para la autoridad de 30 días para resolver la solicitud.

Se contempla como sanción para el agente económico participante en la concentración que el incumplimiento del período de espera de la resolución se sanciona con multas y la prohibición de la transacción, o en el caso de haberse efectuado con su disolución.

Como un claro ejemplo de la variación de las políticas de apertura de la administración de los EUA en los últimos años, consideramos ejemplificativo referirnos a la expedición de la enmienda *Exón-Florio (Restricted WT/TPR/382)* del 12 de noviembre del 1998, la cual tiene por objeto proteger la seguridad de los Estados Unidos, autoriza al Presidente para suspender, prohibir o rescindir cualquier operación que tenga por objeto que un extranjero asuma el control de una empresa norteamericana que pueda amenazar la seguridad de Estados Unidos.

Esta ley es administrada por el Comité de Inversiones Extranjeras de los Estados Unidos (CFIUS), que está integrada por ocho altos funcionarios del Gobierno Federal. El procedimiento que regula se inicia con la presentación de una notificación sobre la operación que se pretende realizar para su revisión, debiendo resolverse en un plazo de 30 días.

Si la revisión de la notificación se presenta la existencia de un riesgo a criterio de la autoridad, se inicia un periodo de investigación de 45 días. De considerarse necesario por el Comité, se somete la decisión al presidente, quien tiene un plazo de 15 días para resolver lo conducente.

2.2. Unión Europea.

Durante el siglo XIX el acelerado crecimiento industrial propició el surgimiento de Carteles, que buscaban no solo el control de las economías nacionales sino del control de la economía europea en perjuicio de sus competidores. Como resultado de la primera gran Guerra, la grave situación económica debilitó a los Carteles, sin embargo, comenzaron a reconstruirse salvo en aquellos Estados donde existieron disposiciones antimonopólicas.

Tras la segunda gran Guerra se presenta en el marco del Consejo de Europa un proceso de integración europea, si bien no se contemplaban disposiciones antimonopólicas, con la declaración Schuman se plantea la creación de un organismo supranacional para organizar la producción del carbón y el acero, creándose en 1951 la *Comunidad Europea del Carbón y el Acero (CECA),* que representa en antecedente inmediato para que en 1957 se firma en Roma el Tratado Constitutivo de la Unión Europea por parte de los 6 Estados signantes de la *CECA*, en el cual se contemplaban diversas medidas de competencia económica.

"El TCECA tenía un ámbito de aplicación muy definido; nacía con un marcado carácter técnico y económico. Nace como el primer organismo multilateral con un verdadero carácter multinacional. Se dice que la CECA inaugura un nuevo método, el llamado supranacional o de la soberanía compartida, en el que Estados soberanos eligen voluntariamente compartir su soberanía en algunas áreas y someterla a una autoridad común." [11]

Realizando un recorrido histórico de la evolución del derecho europeo de la competencia, podemos diferenciar tres grandes etapas de desarrollo que responden a los acontecimientos históricos y el avance del proceso de integración. Así, podemos señalar diversas etapas:

1. Una primera etapa de desarrollo que corresponde a los años sesenta del siglo pasado, la cual se enfocó principalmente a buscar la unidad del mercado, y a evitar la creación de barreras entre los Estados.

2. Durante una segunda etapa comprendida entre las décadas de los años setenta hasta loa años noventa, los esfuerzos comunitarios se enfocan a los esfuerzos comunitarios para la defensa de la competencia, entendiendo que tanto las prácticas que dañen tanto directa como indirectamente al consumidor pueden causar daño a la competencia en su estructura.

3. La tercera etapa se corresponde a los años 90 a la fecha, adaptando los conceptos Ordo liberales a los cuales hemos hecho referencia, ha pasado de un concepto de defensa de la estructura de la competencia del mercado desde la consideración

[11] González Martín, Nuria. Una introducción a la Unión Europea. Primera edición. Instituto de Investigaciones Jurídicas, Universidad Nacional Autónoma de México, Porrúa. México, 2007. Pág. 19.

clásica a una visión encaminada a la eficiencia del mercado, redimensionando los criterios que consideraban a los acuerdos entre empresas como ilícitos *per se.*

Dentro del esquema de la regulación europea a la competencia, conforme a los artículos 85, 86 y 89 del Tratado constitutivo la Comisión es el órgano que tiene a su cargo lo relativo a la competencia económica, sus determinaciones alcanzan tanto a los Estados como a los particulares conforme al artículo. 189.4, siendo recurribles ante el *Tribunal Superior de Justicia de la Comunidad Europea* (en adelante TSJCE).

Conforme al citado dispositivo se considerarán como conductas no compatibles con la libre competencia:

1.- Las que fijen directa o indirectamente los precios de compraventa u otras condiciones de la transacción.

2.- Limiten o controlen la producción.

3.- Reportan el mercado o las Fuentes de abastecimiento

4.- Las que impongan a los contratantes, condiciones desiguales para prestaciones equivalentes que ocasionen desventajas competitivas.

5.- Que impugnan contratos que impliquen prestaciones suplementarias que no guarden relación con el objeto del contrato (ventas atadas).

A partir de 1993, se han tomado medidas concretas en relación con:

a) Apertura de los monopolios nacionales a la competencia.

b) Medidas restrictivas en contra del abuso de la posición dominante de las empresas.

c) Control de concentraciones de empresas.

Las normas regulatorias de la competencia de los sistemas regulatorios a las cuales nos referimos guardan múltiples similitudes en cuanto a sus objetivos, buscando en ambos casos el generar una mayor cantidad de bienes y servicios, reducir su precio, generar condiciones de innovación y mercados más competitivos, sin embargo, sus principales diferencias se presentan en cuanto a las interpretaciones conceptuales de las autoridades reguladoras sobre los conceptos de eficiencia y bienestar.

Hasta antes de la adopción de los conceptos neoliberales de la Escuela de Chicago por parte de las autoridades de los Estados unidos, según nos comenta Leal Buenfil, el criterio de las autoridades era que cualquier contrato que contuviera elementos anticompetitivos sería sancionado automáticamente como contrario a la libre competencia

Durante la década de los años ochenta del siglo pasado el criterio de la autoridad vario diametralmente, permitiéndose la totalidad de los contratos y las concentraciones verticales, siendo que ya durante los años noventa el criterio empleado, conforme los criterios de la escuela de Post Chicago, se fundamentan en el análisis de la eficiencia que se generaría con la concentración y su efecto en el bienestar social, bajo el criterio de la *regla de razón* siendo sancionados en atención a sus efectos y no por su realización, de manera similar a lo que acontece en nuestro país.

La Escuela de Chicago se funda en el bienestar del consumidor, mientras que el criterio de la escuela de Post Chicago se fundamenta en el bienestar social, considerando el bienestar social de una importancia similar al bienestar del consumidor y considerando adicionalmente el bienestar del agente económico que oferta el bien o servicio.

2.3. México.

Como nos ilustra Leal Buenfil, la adopción de políticas de competencia económica en nuestro país responden más a las exigencias derivadas de los acuerdos comerciales internacionales signados por nuestro país que a las propias condiciones del mercado nacional.

Las exigencias de los países firmantes del *Tratado de Libre Comercio de América del Norte (TLCAN)* impulsaron a nuestro país a la conformación de un esquema legislativo y de autoridades con competencias especializadas en la materia, para facilitar las condiciones del mercado nacional para la incorporación de empresas transnacionales que se veían afectados por la inexistencia de un marco operativo que garantizara la libre concurrencia.

Sin embargo, la tradición liberal en nuestro ordenamiento representa una larga tradición, al grado de que, como apuntamos anteriormente, para diversos autores nuestro ordenamiento constitucional representa un antecedente del Estado Bienestar. En concordancia con este orden de ideas, los liberales del siglo XIX se oponían firmemente a cualquier forma de intervención del Estado en la economía, siendo que el diputado y secretario de Hacienda con Juárez, Guillermo Prieto, sostuvo reiteradamente estas políticas que finalmente cristalizarían en la constitución.

El artículo 28 de la constitución de 1857 consagra la prohibición para la existencia de monopolios y estancos, excluyendo la acuñación de moneda, los correos y aquellos privilegios a los inventores de sus obras. Con posterioridad a la guerra revolucionaria, en la norma suprema se recogen los principios contenidos en el artículo 28 de la anterior constitución de 1857, mismo que a lo largo de la historia se ha ido reformando para adecuarlo a las diversas políticas económicas de las respectivas administraciones.

En 1938 se presenta una profunda reforma durante el gobierno de Lázaro Cárdenas con la nacionalización de las compañías en materia de Petróleo. Posteriormente en la administración de Adolfo López Mateos se reforma nuevamente para incluir el servicio de energía eléctrica como actividad prioritaria del Estado. En 1982 durante el gobierno de José López Portillo se reforma con la estatización del servicio de banca y crédito.

Con la implementación de las políticas neoliberales en el curso de la administración de Miguel de la Madrid se contempla el llamado capítulo económico de la Constitución que comprende los artículos 25, 26, 27, 28 y 131. El artículo 28 se reformó íntegramente agregando conceptos como prácticas monopólicas y áreas estratégicas, creándose la posibilidad de que el Estado buscara la eficiencia en el desarrollo de sus actividades valiéndose de empresas públicas, al tiempo que concesionó servicios públicos y la explotación y aprovechamiento de bienes del dominio de la Federación.

En este sentido como nos destaca Faya Rodríguez, durante las décadas de los años 80 y 90 del siglo pasado se inició un profundo viraje en la orientación de las políticas económicas de nuestro país que se focalizaron, entre otras medidas, el desmantelamiento de las barreras arancelarias y legales al comercio exterior, así como en la implementación de una regulación en materia de competencia económica.

El proceso se inicia en 1986 con la adhesión de nuestro país al Acuerdo General sobre Aranceles y Comercio (GATT), siendo que para 1993 nuestro país se integra el Foro de Cooperación Económica Asía-Pacífico (APEC), continuándose al año siguiente (1994) con la adhesión a la Organización para la Cooperación y el Desarrollo Económico (OCDE) y la incorporación de nuestro país en la Organización Mundial de Comercio (OMC), así como la posterior celebración del Tratado de Libre Comercio de América del Norte (TLCAN), políticas que terminarían consolidándose con la posterior adopción del Tratado de México, Estados Unidos y Canadá (T MEC) en el 2018, aunado a otros 12 Tratados libre Comercio signados por nuestro país con otros Estados entre los años de 1995 y el 2018.

Paralelamente en esos años se inicia la liquidación y desincorporación de empresas del Estado buscando el denominado *adelgazamiento del Estado* en respuesta a las propuestas políticas asumidas por el gobierno Federal. En 1990 durante el gobierno de Carlos Salinas de Gortari, se reformó de nueva cuenta el art. 28 al reprivatizar el servicio de banca y crédito, y en concordancia con las políticas asumidas, para 1993 se decreta la autonomía del Banco Central.

En 1995 durante el transcurso del gobierno de Ernesto Zedillo Ponce de León se reforma una vez más el texto del art. 28 constitucional, contemplando el otorgamiento de concesiones en actividades prioritarias, permitiendo la participación de la iniciativa privada y social, junto a la pública, en el transporte ferroviario y la comunicación satelital.

En 2013, durante el gobierno de Enrique Peña nieto, se reforma el art. 28 contemplándose como autoridades en materia de competencia a la Comisión Federal de Competencia Económica, y al Instituto Federal de Telecomunicaciones. Las últimas reformas implican la participación de los particulares en el sector energético y la creación de las empresas productivas del Estado.

Si bien mucho se ha comentado sobre las bondades de la transnacionalización de las empresas para los mercados de los países subdesarrollados, ya que incrementan su desarrollo económico e industrial, debemos matizar estas afirmaciones, pues como nos comenta Pérez Miranda, lo cierto es que las grandes corporaciones se valen de sistemas para la organización de la producción basados en un análisis de costos, produciéndose los componentes de los bienes finales en diversos países y posteriormente realizándose el traslado de estas mercancías a otras filiales o a la matriz en los mercados de consumo, reflejándose para efectos de la balanza comercial de exportaciones, como negocios reales entre partes distintas, cuando en realidad son tan solo etapas de producción.

Como antecedente, podemos distinguir las siguientes etapas de desarrollo económico en nuestro país durante el siglo pasado:

1. En un primer período comprendido de 1934-1940, la tendencia económico-social de los gobiernos postrevolucionarios alcanza su máximo desarrollo económico con un criterio económico nacionalista y en favor de las clases pobres.

2. A partir de la segunda gran guerra se impone un programa de desarrollo económico de sustitución de importaciones, que buscaba el desarrollo de la infraestructura productiva y los empresarios nacionales mediante su protección mediante políticas arancelarias y a la introducción de productos extranjeros.

3. En la década de los años setenta del siglo pasado, se optó por la figura del desarrollo estabilizador con una fuerte intervención del Estado en materia económica, concluyendo con la crisis económica de 1982.

4. De 1982 a 1988 se inicia un periodo acelerado de privatización de empresas públicas y de liquidación de otras, en concordancia con las políticas económicas de la nueva administración y la influencia de las posturas de la doctrina neoliberal.

5. De 1988 en adelante, como resultado de las proyecciones aperturistas al mercado global, se inicia un proceso de apertura al exterior y la adopción de políticas neoliberales en materia económica.

En el contexto de la intervención del Estado mexicano en materia económica desde el punto de vista de su función regulatoria, durante la administración de Adolfo López Mateos se promulgó en 1950 la *Ley de atribuciones del Ejecutivo Federal en materia económica* publicándose su reglamento el 10 de enero de 1951, misma que fue reformada durante el gobierno de José López Portillo en el año de 1980, encontrándose vigente hasta su derogación expresa por el artículo cuarto transitorio de la Ley Federal de Competencia Económica (en adelante LFCE) de 1992.

Durante el gobierno de Miguel Alemán, y dentro del marco de sus políticas de crecimiento sostenido, el acelerado crecimiento de la industria y la carencia de un marco normativo adecuado obliga a la promulgación de la ley que permite al Estado intervenir en las diferentes facetas del proceso económico, la producción, la distribución y el consumo. Este dispositivo tiene su fundamento constitucional en las normas comprendidas en los artículos 73 fracción X, en el artículo 27 fracción III y en el artículo 131 de la CPEUM.

En su estructura se contemplan entre otras disposiciones referentes a:

1. Alimentos de primera necesidad.
2. Artículos de vestuario en general.
3. Materias primas industriales.
4. Artículos de industria nacional
5. Servicios en general.

De entre las disposiciones que contempla la Ley de Atribuciones del Ejecutivo Federal en materia económica podemos destacar las siguientes:

1. El artículo 1° señala la facultad del Estado para intervenir en la producción, distribución y consumo de mercancías y servicios.

2. El artículo 2° faculta al Ejecutivo para la fijación de precios máximos en artículos y servicios.

3. El artículo 4° faculta al Estado para obligar a los particulares para que pongan a la venta mercancías evitando su ocultación.

4. El artículo 5° otorga al Estado la facultad de imponer racionamientos y prioridades cuando el volumen de oferta de productos sea insuficiente para cubrir la demanda.

5. El artículo 7° regula la distribución de mercancías para evitar los intermediarios innecesarios.

6. El artículo 8° faculta al Estado para determinar los artículos que preferentemente se deban producir.

7. En el artículo 12 ° se contempla decretar la ocupación temporal de fábricas cuando sea indispensable mantener o incrementar la producción de los artículos de los artículos que se determinen.

Adicionalmente a estas normas se contemplan igualmente disposiciones normativas referentes a:

a) Determina mediante decreto los artículos comprendidos en cada rubro

b) Faculta al Estado para fijar precios máximos y para determinar que productos se pueden producir para efectos de regular el mercado.

c) Busca actuar en defensa de la economía y los grandes núcleos de población del país evitando la existencia de intermediarios.

En 1974 Luis Echeverría Álvarez, en concordancia con sus políticas populistas publica un decreto que regula los precios de 177 mercancías que en el mismo se refieran. En el mismo espíritu y ante las crecientes problemáticas que afectaron su administración, en 1978 José López Portillo derogó el decreto, fijando un acuerdo que señala los precios máximos a ochenta y cinco productos.

Como apuntamos, con la promulgación en 1992 de la LFCE se deroga expresamente esta disposición, embargo, en nuestro orden normativo se continúa reglamentando las facultades del Ejecutivo en materia económica, contemplándose expresamente en el numeral 131 de la CPEUM, así como en el artículo 7 de la Ley Federal de Protección al consumidor, el cual faculta al Ejecutivo para fijar el precio de bienes y servicios, previa declaratoria de no existir competencia efectiva en el mercado realizada por la Secretaria de Economía.

El surgimiento de políticas regulatorias en materia de competencia económica en el desarrollo de la economía en nuestro país se genera principalmente, como nos ilustra Leal Buenfil, como resultado de la instauración de las políticas económicas neoliberales en el diseño de las políticas públicas de desarrollo materializándose al signar el Tratado de Libre Comercio de América del Norte.

2.4. Prospectiva de regulación en el escenario internacional

Como resultado de la globalización de los mercados, las políticas en materia de competencia económica han alcanzado preponderancia en el contexto internacional, abordando prácticas que no se limitan al marco de una jurisdicción en mercado específico.

El desarrollo de la revolución tecnológica, los grandes avances en las telecomunicaciones que permiten se produzcan en tiempo real, las políticas de reducción de restricciones a las inversiones extranjeras, aunado a la baja de tarifas arancelarias, se presentan como constantes en el desarrollo del comercio internacional, presentando nuevas expectativas para las regulaciones nacionales.

Siendo así que "En términos generales, la globalización ha tenido lugar sin la adopción de reglas de competencia económica de alcance mundial. Es decir, la globalización de los mercados no ha venido acompañada de la globalización de las reglas del juego, de las cuales la competencia económica es un componente importante." [12]

No obstante de lo que apuntamos, en el ámbito internacional se han buscado normativas para la regulación de las cuestiones de competencia, siendo un destacado antecedente la *Conferencia de las Naciones Unidas sobre el Comercio y el Empleo,* conocida como la *Carta de la Habana*, que se celebró con posterioridad a la segunda gran guerra y en la que se intentó crear una Organización Internacional de Comercio especializada en el seno de las Naciones Unidas, además de establecer algunos conceptos.

Como resultado de la preocupación de los Estados y ante el fracaso de la adopción del acuerdo que referimos, en 1948 de adopta el *Acuerdo General sobre Aranceles y Comercio* (GATT por sus siglas en ingles), en el cual se establece el principio de competencia, conteniendo disposiciones en torno a lograr la eliminación de barreras de entrada y prácticas discriminatorias en el comercio internacional. Este acuerdo es un antecedente inmediato del *Tratado de Libre Comercio de América del Norte* (TLCAN), signado por nuestro país durante el gobierno de Carlos Salinas de Gortari, mismo que fue derogado por el vigente *Tratado entre México, Estados Unidos y Canadá* (T MEC), signado durante la administración de López Obrador.

En el marco de la *Organización para la Cooperación y el Desarrollo Económico*, (OCDE), en el cumplimiento de sus objetivos de lograr el desarrollo económico y el incremento de los niveles de vida en los países miembros, facilitando el comercio internacional y la estabilidad financiera, ha asumido distintas medidas buscando lograr un Código Internacional de Competencia Económica.

Por su parte, en el marco de la *Conferencia de las Naciones Unidas sobre el Comercio y el Desarrollo* (UNCTAD), se han adoptado una serie de medidas que buscan la liberalización de medidas arancelarias y no arancelarias restrictivas del comercio de conformidad a los acuerdos del GATT, actuando como facilitador para los países en desarrollo para incorporarse al comercio internacional, creando un nuevo marco regulatorio en materia comercial y de competencia económica.

Así mismo, en el seno de la *Organización Mundial de Comercio* (OMC), se ha propuesto la regulación de las prácticas de competencia dentro del marco regulatorio de dicho organismo, creando un grupo de trabajo que analizará la interrelación ente las políticas comerciales y las políticas de competencia, buscando identificar aquellas áreas que pueden ser materia de la regulación del organismo.

De forma paralela en 1953 se realizó un Proyecto de Convención de Naciones Unidas sobre Prácticas Restrictivas, sin embargo, dicho proyecto no contó con el aval de los EUA, no llegando a celebrarse. Para 1994 en el Congreso de los EUA se promulgó el *International Antitrust Enforcement Assistance Act,* que como nos apunta González De Cossío, autoriza al Procurador de Justicia para el intercambio de información con autoridades extranjeras en competencia, con el objeto de intercambiar pruebas e información sobre conductas contrarias a la ley.

[12] González De Cossío, Francisco. *Competencia.* Prefacio de Dennis W. Carlton, prólogos de Richard A Posner y Alfredo Bullard G. Primera edición. Porrúa. México. 2017. Pág. 824.

Continuando estas líneas, en 1997, se crea el Comité de Asesoría en Materia de Política de Competencia Económica, que busca la colaboración con autoridades externas para la persecución de Carteles y de prácticas monopólicas.

Cap. III. Derecho de la competencia económica.

El contenido del derecho económico se ha redefinido por los cambios que se han producido en el papel del Estado en la economía:

a) Las empresas públicas han dejado de ser un factor dinámico de la economía.

b) El sector financiero se ha privatizado, dejando de ser una actividad estatal.

c) Las políticas económicas nacionales han pasado del proteccionismo a una mayor apertura en el comercio internacional.

d) El mercado es un elemento central en la fijación de precios, inversiones y la remuneración de los factores productivos en demerito de la planificación indicativa.

En este orden de ideas se limita la participación del Estado en la economía, pasando de ser un participante directo a ser un regulador y agente para la solución de aquellos conflictos que el mercado no puede solucionar por sí mismo.

En los Estados subdesarrollados éstas políticas se han traducido en una drástica disminución de la participación estatal en las diversas áreas económicas, permitiendo el acceso de la iniciativa privada en muchas de estas que habían sido controladas por el Estado, en el caso de nuestro país la intervención estatal minoritaria en diversas empresas prácticamente desapareció, a la par de que diversos sectores económicos en los que el Estado tenía una participación mayoritaria o que eran señalados por la norma cómo áreas prioritarias, se han ido abriendo a la participación del capital privado, tanto de origen nacional cómo trasnacional.

Paralelamente y en el contexto de la globalización económica, las grandes empresas multinacionales intervienen directamente en las economías subdesarrolladas aprovechando las condiciones que, en materia laboral, regulatoria y en materia de protección ecológica, circunstancias que les permiten tener ventajas competitivas contra sus competidores en el mercado mundial.

3.1. Definición.

Podemos definir al derecho de la competencia económica en un *lato sensu* "… como una rama del derecho económico que regula y ordena los mercados, sancionando las prácticas mercantiles anticompetitivas atentadoras de la libre concurrencia y competencia , que incluye el conjunto de normas que regulan las relaciones del mercado que se susciten entre los agentes económicos, mismas que pueden tener por objeto la promoción y defensa de la competencia, la eficacia económica, la apertura del mercado y el bienestar de los consumidores." [13]

En este sentido las normas de Competencia se refieren a prácticas:

- Restrictivas o monopólicas.
- Desleales de Comercio Internacional.
- Violatorias a las normas de protección a la propiedad intelectual.
- Que afectan a los consumidores

En el mismo orden de ideas podemos definir al derecho de la competencia económica en *estricto sensu* como a aquella rama del derecho que regula y reglamenta las prácticas económicas que puedan resultar anticompetitivas o monopólicas, así como a las concentraciones entre agentes económicos.

3.2. Vinculación con el derecho económico.

Méndez Galeana nos enseña que el derecho económico está constituido para aquellas normas jurídicas que atribuyen al Estado las funciones de planear, conducir, coordinar y orientar la actividad económica nacional del marco de las libertades que otorga la CPEUM.

"Hemos definido al Derecho económico como una rama del derecho integrada por categorías jurídicas (elemento formal) y económicas (elemento material), de manera que su objeto de estudio es bicéfalo. Ambos elementos tienen como eje central el fenómeno del intervencionismo estatal en la economía (mixta o centralizada), a fin de alcanzar metas definidas por el sistema político global, recogidas en las constituciones nacionales"[14] (Witker, 2014, p. 9).

"El Derecho económico está constituido por normas jurídicas que atribuyen al Estado las funciones de planear, conducir, coordinar y orientar la actividad económica nacional,

[13] Witker Velásquez, Jorge. Varela, Angélica. *Derecho de la competencia económica en México.* Primera edición. Instituto de Investigaciones Jurídicas. UNAM. México, 2003. Pág. 7.

[14] Witker Velásquez, Jorge. Introducción al derecho económico. Décima edición. Grupo Editorial HESS. México, 2014. Pág. 9.

así como llevar a cabo la regulación y el fomento de las actividades que sean de interés general, en el marco de libertades que otorga la *Constitución política*" [15]

En nuestra opinión entendemos al Derecho económico como aquel conjunto de normas jurídicas sustancialmente con un carácter de derecho público, que a nivel constitucional facultan al Estado para realizar la planeación y regulación del desarrollo económico y social de nuestro país.

La relación entre el derecho económico y el derecho de la competencia es tal que para algunos autores se presenta como una rama de aquel sin que haya uniformidad en considerar su autonomía, que en opinión de Witker aún se está consolidando.

En el ejercicio de sus funciones reguladoras el Estado reúne al derecho para:

1. Reglamentar las relaciones económicas.
2. Definir la organización de la sociedad y el propio Estado.
3. Crear los mecanismos para las soluciones de conflictos.

Para Witker el derecho de la competencia económica se refiere a:

a) Normas para prevenir y sancionar conductas monopólicas.

b) Normas para regular y prevenir concentraciones ilícitas.

c) Normas de propiedad industrial e intelectual.

d) Normas de protección al consumidor.

A diferencia de lo sostenido por diversos autores como Witker en cuanto a que la protección al consumidor forma parte de los objetivos de la competencia económica, nos adherimos a las opiniones sostenidas por autores como González de Cossío y Leal Buenfil, quienes sostienen que las normas de protección al consumidor se refieren a la tutela de las transacciones individuales, mientras que las normas de competencia se refieren a la regulación de los mercados en un sentido amplio; en mi consideración, la tutela de los intereses del consumidor final se produce como resultado de la regulación general del mercado de forma indirecta.

En este punto que resulta de importancia referirnos es en lo relativo a la propiedad intelectual en materia de competencia, pues en principio nos resulta contradictorio la

[15] Méndez Galeana, Jorge M. *Introducción al derecho económico.* Segunda edición. Trillas. México, 2012. Pág. 19.

existencia de un derecho temporal de explotación exclusiva sobre un bien tutelado por las normas de propiedad intelectual y un régimen de libre concurrencia en los mercados, si bien la protección otorgada por el ordenamiento se presenta como un motor ineludible para el desarrollo de estas áreas productivas y la creación de nuevas tecnologías.

"Normas relacionadas con el ejercicio de los Derechos de Propiedad Intelectual (como las que gobiernan la aprobación de comercialización de productos farmacéuticos y agroquímicos) tienen influencia directa en la entrada al mercado y dan forma a la "política de competencia" de un país. Existe escasez, falta de legislación, débil implementación o ausencia de políticas que se avoquen a la relación PI-competencia en los países en desarrollo, por lo que un enfoque en políticas de competencia puede ser útil para garantizar un ejercicio pro-competitivo de los Derechos de Propiedad Intelectual"[16]

Witker señala que, para considerar la autonomía de alguna rama del derecho, debemos atender:

- Autonomía legislativa.
- Política Jurisdiccional.
- Autonomía Científica o doctrinal.

Sin embargo, la autonomía de una rama del derecho implica coexistencia de otros elementos que nos permitan considerar ésta, en el caso de derecho de la Competencia debemos atender a:

1) Análisis económico del Derecho (AED), y

2) Políticas que fomentan la consolidación del AED.

3.3. Análisis económico del Derecho.

El Análisis Económico del Derecho (en adelante AED), surge en los años cincuenta del siglo pasado con los estudios realizados en la escuela de chicago. Se traduce en la aplicación de la Teoría económica para examinar la formación, estructura, procesos e impactos de las leyes y las instituciones legales. Para estos autores el valor de los derechos se expresa en las prerrogativas que se transfieran con ellos.

Aplican a toda actividad humana el supuesto del *comportamiento racional maximizado* para de esta forma establecer proposiciones respecto del modo en que

[16] Ojeda, Lucía; Santos, Luis; Roldán, José. (Coordinadores). *Propiedad intelectual y competencia económica.* Primera edición. ANADE, Instituto Tecnológico Autónomo de México y Porrúa. México, 2010. Pág. 4.

reaccionaran los individuos a un cambio en su entorno y a partir de estos antecedentes plantear las propuestas de reforma legal con base en criterios de eficiencia.

La función positiva de este análisis adquiere trascendencia cuándo explica por qué muchas normas no se cumplen ya que tienen implícito en la propia norma el germen de su incumplimiento. Esta corriente no ha sido muy aceptada en los países de la familia romanista.

Se presentan dos escuelas:

1. Clásica: analiza las normas reguladoras de la actividad explicativa económica.

2. Moderna: se extiende además a aspectos jurídicos ajenos al mercado.

En lo referente al derecho de la competencia, una gran parte de los conceptos propios de la materia tiene su base teórica en el AED.

a) Políticas que fomentan la consolidación del AED:

- Privatización, y
- Desregulación.

Los objetivos de la privatización podemos resumirlos en aumentar de la competencia en el mercado y la transmisión de las actividades públicas al sector privado propiciando la mejora de las finanzas públicas, la eliminación de las trabas con la de la empresa privada, la asimilación de la actividad de la empresa pública con la de la empresa comercial, así la presentación privada de servicios públicos. En tanto que la desregularización se traduce en la eliminación o la reducción de normas que reglamentan determinadas actividades, facilitando su aplicación.

La incursión de ambas políticas se ha visto fomentadas en nuestro país en el transcurso de los últimos veinticinco años desde la incorporación de México en el Acuerdo General sobre Aranceles Aduaneros y Comercio (GATT), el Fondo de Cooperación Económica Asía-Pacífico, (APEC) y la Organización para la Cooperación y el desarrollo Económico (OCDE), así como con la celebración múltiples acuerdos regionales y bilaterales.

En este sentido y para instrumentar las políticas desregulatorias se han creado diversas entidades públicas que ejecutan sus aplicaciones. Comisión Federal de Mejora Regulatoria (COFEMER), es un órgano desconcentrado de la Secretaria de Economía creado el 19 de abril de 2000 (DOF).

Son atribuciones de la COFEMER las relativas a la revisión del marco regulatorio nacional, proyectando para mejorar su regulación, dictaminar proyectos y manifestaciones de impacto regional, llevar un registro de trámites y servicios, y opinar sobre los programas de mejora regulatoria.

El 25 de junio de 2001 se publicó en el DOF el acuerdo para la Desregulación y Simplificación de los trámites inscritos en el Registro Federal de Trámites y Servicios y la aplicación de medidas de Mejora Regulatoria que beneficiaria las empresas y ciudadanos. Los objetivos de este acuerdo son:

- Eliminar trámites obsoletos e innecesarios.
- Simplificar trámites.
- Establecer la afirmativa ficta en los términos de respuesta de los trámites.

3.4. Marco jurídico del derecho de la competencia económica en México.

Al tratar el tema de la rectoría económica del Estado en nuestro orden normativo, Leal Buenfil destaca lo que en principio pudiera parecer una contradicción "Aunque parezca un contrasentido, esta rectoría económica del Estado puede potenciar las libertades económicas. Esto si se considera que la posición dominante de algunos agentes económicos con poder sustancial en el mercado puede atentar contra el bienestar económico del grueso de la población" [17]

Compete al estado en el ejercicio de sus atribuciones regular que en los distintos mercados se garantice que la preponderancia de algunos actores no pueda determinar a un mercado generando un daño para los agentes económicos que en el participan y en última instancia para los consumidores finales, el Estado deberá velar por establecer las medidas necesarias para procurar que condiciones generales del mercado, se respete la libre concurrencia, la sana competencia entre los diversos actores, repercutiendo en el adecuado desarrollo de aquel en beneficio de la sociedad.

Sin embargo, bajo el principio de la libertad imperante en los sistemas jurídicos occidentales, se nos presenta, sin duda, la disyuntiva de delimitar la intervención del Estado en la regulación de los mercados, en este sentido "el problema ius-filosófico que se presenta es el de hasta dónde el Estado debe de entrometerse en los contratos que se celebran en el mercado. El tema es incluso de políticas públicas (y privadas) y el más interesante para los juristas desde el análisis económico del derecho, con evidentes repercusiones en el modelo económico constitucional" [18]

[17] Leal Buenfil, Rubén. *Competencia económica y comercio internacional.* Primera edición. Universidad de Monterrey y Tirant lo Blanch. México, 2021. Pág. 274.

[18] García Sais, Fernando. *Estado, mercado y derecho.* La práctica del derecho mexicano. Tirant lo Blanch. México, 2014. Pág. 73.

El derecho de la competencia económica se encuentra regulado tanto en normas de carácter constitucional como en disposiciones ordinarias y reglamentarias diversas. Desde la perspectiva de su normativa constitucional:

- Artículo 5 CPEUM.

Artículo 5 CPEUM. A ninguna persona podrá impedirse que se dedique a la profesión, industria, comercio o trabajo que le acomode, siendo lícitos. El ejercicio de esta libertad sólo podrá vedarse por determinación judicial, cuando se ataquen los derechos de tercero, o por resolución gubernativa, dictada en los términos que marque la ley, cuando se ofendan los derechos de la sociedad. Nadie puede ser privado del producto de su trabajo, sino por resolución judicial.

La ley determinará en cada entidad federativa, cuáles son las profesiones que necesitan título para su ejercicio, las condiciones que deban llenarse para obtenerlo y las autoridades que han de expedirlo.

Nadie podrá ser obligado a prestar trabajos personales sin la justa retribución y sin su pleno consentimiento, salvo el trabajo impuesto como pena por la autoridad judicial, el cual se ajustará a lo dispuesto en las fracciones I y II del artículo 123.

En cuanto a los servicios públicos, sólo podrán ser obligatorios, en los términos que establezcan las leyes respectivas, el de las armas y los jurados, así como el desempeño de los cargos concejiles y los de elección popular, directa o indirecta. Las funciones electorales y censales tendrán carácter obligatorio y gratuito, pero serán retribuidas aquéllas que se realicen profesionalmente en los términos de esta Constitución y las leyes correspondientes. Los servicios profesionales de índole social serán obligatorios y retribuidos en los términos de la ley y con las excepciones que ésta señale.

El Estado no puede permitir que se lleve a efecto ningún contrato, pacto o convenio que tenga por objeto el menoscabo, la pérdida o el irrevocable sacrificio de la libertad de la persona por cualquier causa.

Tampoco puede admitirse convenio en que la persona pacte su proscripción o destierro, o en que renuncie temporal o permanentemente a ejercer determinada profesión, industria o comercio.

El contrato de trabajo sólo obligará a prestar el servicio convenido por el tiempo que fije la ley, sin poder exceder de un año en perjuicio del trabajador, y no podrá extenderse, en ningún caso, a la renuncia, pérdida o menoscabo de cualquiera de los derechos políticos o civiles.

La falta de cumplimiento de dicho contrato, por lo que respecta al trabajador, sólo obligará a éste a la correspondiente responsabilidad civil, sin que en ningún caso pueda hacerse coacción sobre su persona.

Si bien en principio, el texto del artículo que comentamos presupone una amplia libertad para el legislador para determinar la licitud de una actividad, los criterios de la

SCJN señalan que dicha libertad se encuentra limitada por la obligación de establecer limitantes o requisitos que resulten razonables.

Sin embargo, la libertad de trabajo no es un derecho absoluto, pues en términos jurisprudenciales[19] pues su ejercicio presupone la existencia de varios presupuestos como que no se trate de una actividad ilícita, que no se afecten derechos de terceras personas y que no se afecten derechos de la sociedad en general, pudiendo ser limitada por una ley en sentido formal y material, emanada del poder legislativo.

En cuanto a la regulación constitucional de la economía "Por lo que respecta a los derechos fundamentales, las regulaciones económicas en la Constitución tienden a generar un doble ámbito de significados: por un lado, aseguran a los particulares esferas subjetivas inmunes frente a la acción del Estado, de forma que, por poner algunos ejemplos, no se pueda abolir sin más la institución de la propiedad privada, limitar arbitrariamente la libertad de empresa o confiscar bienes obtenidos lícitamente en el tráfico comercial; por otro lado, las disposiciones sobre la economía aseguran la posibilidad de que el Estado pueda en efecto hacerse cargo de las obligaciones que le generan los derechos fundamentales y que suponen costos económicos considerables (pensemos en los que genera el sistema educativo público, la asistencia sanitaria universal o un sistema digno de pensiones)." [20]

- Artículo 25 CPEUM.

El concepto de rectoría del Estado en materia económica implica el establecimiento de normas y reglas para regular la actividad económica de nuestro país, dentro del marco que rige las libertades que se consagran en la constitución, teniendo la obligación de fomentar aquellas actividades de interés general.

> *Artículo 25 CPEUM. Corresponde al Estado la rectoría del desarrollo nacional para garantizar que éste sea integral y sustentable, que fortalezca la Soberanía de la Nación y su régimen democrático y que, mediante la competitividad, el fomento del crecimiento económico y el empleo y una más justa distribución del ingreso y la riqueza, permita el pleno ejercicio de la libertad y la dignidad de los individuos, grupos y clases sociales, cuya seguridad protege esta Constitución. La competitividad se entenderá como el conjunto de condiciones necesarias para generar un mayor crecimiento económico, promoviendo la inversión y la generación de empleo.*
>
> *El Estado planeará, conducirá, coordinará y orientará la actividad económica nacional, y llevará al cabo la regulación y fomento de las actividades que demande el interés general en el marco de libertades que otorga esta Constitución.*

[19] *Semanario Judicial de la Federación y su Gaceta,* t. IX, abril de 1999, novena época, pleno, tesis P/J 28/99. P. 260).

[20] Carbonell, Miguel. *Los derechos fundamentales en México.* Tercera edición. Comisión Nacional de los Derechos Humanos, Universidad Nacional Autónoma de México, Porrúa. México, 2009. Pág. 559.

Al desarrollo económico nacional concurrirán, con responsabilidad social, el sector público, el sector social y el sector privado, sin menoscabo de otras formas de actividad económica que contribuyan al desarrollo de la Nación.

...

A pesar de encontrarse contenidos en la denominada parte dogmática de nuestro orden constitucional en la que se contienen los derechos humanos, hasta antes de las reformas constitucionales al artículo 1 CPEUM de 2011, como señala Carbonell, el criterio de la SCJN en cuanto a los artículos que establecen la rectoría económica del Estado no genera ningún tipo de derecho para los particulares para exigir a las autoridades tomen medidas concretas sobre estas materias.

Sin embargo, posteriores estudios de otros destacados constitucionalistas como Maldonado Sánchez del Instituto de Investigaciones Jurídicas apuntan que se presenta un vínculo indisoluble entre el capítulo económico de nuestra norma constitucional y los Derechos Económicos, Sociales, Culturales y Ambientales (DESCA).

De una manera similar Tron Petit, señala que una parte central de una estructura económica descansa en su capacidad de satisfacer las necesidades sociales, no limitándose a la generación de bienes y servicios, sino yendo más allá al incluir la producción de lo que él denomina *valores sociales*, entendidos como la actitud de responsabilidad, disciplina, solidaridad y emprendimiento, a los que califica como inherentemente humanos desde la perspectiva cristiana, siendo que "Buena parte de estas ideas asociadas a la efectividad de los derechos humanos, gobiernos democráticos y mercados competitivos, resultan ser tres pilares para fundar una ciudadanía cosmopolita que efectivamente permita la dignidad y realización de las personas."[21]

En el mismo sentido se pronuncia González De Cossío cuando nos apunta que en su opinión el contenido del artículo 28 CPEUM constituye en *Derecho fundamental,* al presentarse la inexistencia de berreas de entrada a los mercados como una prerrogativa del agente económico para desarrollarse como emprendedor en el mercado, siendo parte de las prerrogativas inherentes a la persona indispensables para el desarrollo integral del individuo, conforme al concepto de la Ministra Margarita Luna Ramos.

Partiendo de lo antes dicho, y atendiendo al criterio de la *interpretación conforme* sostenido por nuestra Suprema Corte, toda autoridad juridicial velará que toda norma y todo acto judicial deberá de interpretarse de conformidad con los acuerdos signados por el Estado mexicano en materia de derechos humanos o aquellos puntos referidos a dichas materias contenidos en otros acuerdos de distinta naturaleza, que conforme a la multicitada reforma, se encuentran en un plano de igualdad con nuestra norma suprema.

Conforme a la tesis jurisprudencial P./J. 21/2014 de la Décima época emitida por el pleno de la SCJN publicada en el Tomo I de la *Gaceta Semanario Judicial de la Federación* de abril de 2014, se resolvió que la jurisprudencia emitida por la Corte Interamericana de Derechos Humanos de conformidad con el principio *pro homine* es vinculante para los jueces mexicanos siempre que sea más favorable para la persona,

[21] Tron Petit, Jean Claude. (2013). *Art. 28. Prohibición de monopolios.* E. Ferrer Mac. Gregor Poisat, J.L. Caballero Ochoa, C. Steiner. Derechos humanos en la Constitución: comentarios de jurisprudencia. P. 741-774. Primera edición. Tomo I. Suprema Corte de Justicia de la Nación, Universidad Nacional Autónoma de México, y Konrad Adenauer Stiftung. Estado de Derecho para Latinoamérica. México, 2013.

conforme se dispone en el numeral 1 de la CPEUM, debiéndose en todo caso armonizar la jurisprudencia nacional con la interamericana, y de no resultar posible se debe resolver conforme al criterio que resulte más favorecedor a la protección de los Derechos Humanos.

- Artículo 28 CPEUM.

En el referido numeral se consagran las bases constitucionales de la libre concurrencia y la prohibición de la existencia de monopolios y prácticas monopólicas, así como la creación de la Comisión Federal de Competencia Económica el Instituto Federal de Telecomunicaciones como órganos constitucionales autónomos que en la esfera de sus respectivas competencias serán los reguladores en la aplicación de las disposiciones constitucionales.

> *Artículo 28 CPEUM. En los* Estados *Unidos Mexicanos quedan prohibidos los monopolios, las prácticas monopólicas, los estancos, las condonaciones de impuestos y las exenciones de impuestos en los términos y condiciones que fijan las leyes. El mismo tratamiento se dará a las prohibiciones a título de protección a la industria.*

La libre concurrencia a los mercados tiene establecidas dos limitantes precisas, por una parte lo referente a la fijación de precios para los productos que se consideren necesarios para la economía nacional, al cual la autoridad podrá determinar precios máximos, con independencia de las facultades otorgadas en la materia al Ejecutivo contenidas en el artículo 131 CPEUM, y en segundo término, se refiere a los monopolios del Estado en las denominadas áreas estratégicas.

> *En consecuencia, la ley castigará severamente, y las autoridades perseguirán con eficacia, toda concentración o acaparamiento en una o pocas manos de artículos de consumo necesario y que tenga por objeto obtener el alza de los precios; todo acuerdo, procedimiento o combinación de los productores, industriales, comerciantes o empresarios de servicios, que de cualquier manera hagan, para evitar la libre concurrencia o la competencia entre sí o para obligar a los consumidores a pagar precios exagerados y, en general, todo lo que constituya una ventaja exclusiva indebida a favor de una o varias personas determinadas y con perjuicio del público en general o de alguna clase social.*
>
> *Las leyes fijarán bases para que se señalen precios máximos a los artículos, materias o productos que se consideren necesarios para la economía nacional o el consumo popular, así como para imponer modalidades a la organización de la distribución de esos artículos, materias o productos, a fin de evitar que intermediaciones innecesarias o excesivas provoquen insuficiencia en el abasto, así como el alza de precios. La ley protegerá a los consumidores y propiciará su organización para el mejor cuidado de sus intereses.*
>
> *No constituirán monopolios las funciones que el Estado ejerza de manera exclusiva en las siguientes áreas estratégicas: correos, telégrafos y radiotelegrafía; minerales radiactivos y generación de energía nuclear; la planeación y el control del sistema*

eléctrico nacional, así como el servicio público de transmisión y distribución de energía eléctrica, y la exploración y extracción del petróleo y de los demás hidrocarburos, en los términos de los párrafos sexto y séptimo del artículo 27 de esta Constitución, respectivamente; así como las actividades que expresamente señalen las leyes que expida el Congreso de la Unión. La comunicación vía satélite y los ferrocarriles son áreas prioritarias para el desarrollo nacional en los términos del artículo 25 de esta Constitución; el Estado al ejercer en ellas su rectoría, protegerá la seguridad y la soberanía de la Nación, y al otorgar concesiones o permisos mantendrá o establecerá el dominio de las respectivas vías de comunicación de acuerdo con las leyes de la materia.

...

En lo referente a la creación de Órganos Constitucionales Autónomos como reguladores de las materias de sus respectivas competencias, el dispositivo constitucional nos señala:

El Estado contará con una Comisión Federal de Competencia Económica, que será un órgano autónomo, con personalidad jurídica y patrimonio propio, que tendrá por objeto garantizar la libre competencia y concurrencia, así como prevenir, investigar y combatir los monopolios, las prácticas monopólicas, las concentraciones y demás restricciones al funcionamiento eficiente de los mercados, en los términos que establecen esta Constitución y las leyes. La Comisión contará con las facultades necesarias para cumplir eficazmente con su objeto, entre ellas las de ordenar medidas para eliminar las barreras a la competencia y la libre concurrencia; regular el acceso a insumos esenciales, y ordenar la desincorporación de activos, derechos, partes sociales o acciones de los agentes económicos, en las proporciones necesarias para eliminar efectos anticompetitivos.

El Instituto Federal de Telecomunicaciones es un órgano autónomo, con personalidad jurídica y patrimonio propio, que tiene por objeto el desarrollo eficiente de la radiodifusión y las telecomunicaciones, conforme a lo dispuesto en esta Constitución y en los términos que fijen las leyes. Para tal efecto, tendrá a su cargo la regulación, promoción y supervisión del uso, aprovechamiento y explotación del espectro radioeléctrico, las redes y la prestación de los servicios de radiodifusión y telecomunicaciones, así como del acceso a infraestructura activa, pasiva y otros insumos esenciales, garantizando lo establecido en los artículos 6o. y 7o. de esta Constitución.

...

Carbonell nos apunta "De esta manera, se conforman las bases para alcanzar una economía social de mercado, en las que las libertades económicas se compensen con intervenciones selectivas del Estado, tendientes a corregir algunas desviaciones generadas por el propio mercado, por ejemplo en términos de redistribución de la riqueza o de aseguramiento de la libre concurrencia al controlar y combatir los monopolios" [22]

- Artículo 131 CPEUM.

[22] Carbonell. *Opus cit.* Pág. 583.

Por su parte, no podemos dejar de referirnos a las disposiciones contenidas en el numeral 131 de nuestra Carta Magna, las cuales representan una fuerte influencia del sistema presidencialista imperante en nuestro país durante décadas del que nos topamos con múltiples resabios en nuestra norma, y en últimos tiempos con importantes manifestaciones de su resurgimiento y consolidación.

En este artículo se faculta al Ejecutivo para tomar medidas que graven artículos que se importen o exporten, así como para su tránsito nacional, así como para determinar la prohibición de su circulación en territorio nacional, con el objetivo de regular el comercio exterior y la estabilidad de la economía del país.

> *Artículo 131 CPEUM Es facultad privativa de la Federación gravar las mercancías que se importen o exporten, o que pasen de tránsito por el territorio nacional, así como reglamentar en todo tiempo y aún prohibir, por motivos de seguridad o de policía, la circulación en el interior de la República de toda clase de efectos, cualquiera que sea su procedencia.*
>
> *El Ejecutivo podrá ser facultado por el Congreso de la Unión para aumentar, disminuir o suprimir las cuotas de las tarifas de exportación e importación, expedidas por el propio Congreso, y para crear otras; así como para restringir y para prohibir las importaciones, las exportaciones y el tránsito de productos, artículos y efectos, cuando lo estime urgente, a fin de regular el comercio exterior, la economía del país, la estabilidad de la producción nacional, o de realizar cualquiera otro propósito, en beneficio del país. El propio Ejecutivo al enviar al Congreso el Presupuesto Fiscal de cada año, someterá a su aprobación el uso que hubiese hecho de la facultad concedida.*

3.5. Ley federal de competencia económica.

En la Constitución de 1857, se consagra la prohibición a la existencia de monopolios y estancos, excluyendo la acuñación de moneda y los privilegios otorgados a autores e inventores sobre sus obras. En la Constitución de 1917, se reitera la prohibición anterior y se incorpora la realización de prácticas monopólicas y las excepciones en lo relativo a las denominadas actividades prioritarias del Estado.

En la evolución de la regulación de la materia de competencia económica en nuestro país, podemos distinguir la promulgación de diversos ordenamientos sobre la materia, así en el 1934 se publica la Ley Orgánica en materia de monopolios de, para 1950 se promulga la Ley de Atribuciones del Ejecutivo Federal en Materia Económica que permite al Estado intervenir en las diferentes facetas del proceso económico.

En 1992, se promulga la Ley Federal de Competencia Económica, misma que en su artículo tercero transitorio abroga las disposiciones anteriores, siendo que el 23 de mayo de 2014, se promulga la vigente Ley Federal de Competencia Económica que en su artículo segundo transitorio abroga la ley anterior.

Conforme nos apuntan Ginebra Serrabou y Castrillón y Luna "En la elaboración de esta iniciativa se tomaron en consideración las directrices constitucionales fijadas en la reforma constitucional en materia de telecomunicaciones, radiodifusión y competencia económica, incluyendo la instrumentación de las facultades incrementales tales como (i) ordenar medidas para eliminar barreras a la competencia y la libre concurrencia, (ii) regular el acceso a insumos esenciales y (iii) ordenar la desincorporación de activos. La iniciativa refleja la convicción de que la competencia económica es fundamental para que los consumidores tengan acceso a una gran variedad de bienes y servicios de calidad y mejores precios, y los pequeños y medianos empresarios insumos competitivos e innovadores." [23]

En el artículo 1° de la Ley Federal de Competencia Económica vigente, se señala que esta ley será reglamentaria del artículo 28 Constitucional, siendo una disposición de orden público e interés social aplicable en todas las áreas de la actividad económica.

Conforme se señala en el artículo 2 LFCE:

a) Proteger y garantizar la libre concurrencia.

b) la prohibición de la existencia de monopolios.

c) La prohibición de la realización de prácticas monopólicas y de concentraciones ilícitas.

e) La existencia de barreras a la libre concurrencia.

f) Demás restricciones al funcionamiento eficiente de los mercados

Sin embargo, el maestro Arteaga Nava señala que la LFCE no puede ser reglamentaria de todas las materias que se señalan en el numeral constitucional, siendo una facultad limitada a las materias que tiene atribuidas de forma expresa o tácitamente al Congreso de la Unión.

En el artículo 6 de la LFCE señala que no constituirán monopolios las funciones del Estado ejerza de manera exclusiva en las áreas estratégicas determinadas en la Constitución, sin embargo, los agentes económicos que tengan a su cargo dichas funciones se serán sujetos de esta.

El artículo 7 de la LFCE señala que no constituirán monopolios: Asociaciones de trabajadores constituidas conforme a la ley y los privilegios temporales que otorga el Estado a autores, inventores y artistas sobre sus obras.

El artículo 8 de la LFCE dispone que no constituirán monopolios las Asociaciones Cooperativas de Productores que vendan en mercados exteriores. Dichos productos sean la principal fuente de riqueza de la región, sus ventas y distribución no se realicen en territorio nacional, se encuentren bajo el amparo del Gobierno Federal o de los Estados,

[23] Ginebra Serrabou, Xavier y Castrillón y Luna, Víctor M. *La nueva Ley Federal de Competencia Económica.* Primera edición. Bosch. Barcelona, España, 2014. Pág. 13.

tengan una membresía voluntaria y permitan la libre incorporación o salida de sus miembros y que no otorguen permisos o autorizaciones que corresponda dar a dependencias o entidades de la administración pública.

El artículo 9 de la LFCE faculta al Ejecutivo para:

- Determinar mediante decreto los precios máximos de obras y servicios, siempre y cuando no haya competencia efectiva en el mercado relevante de que se trate, y

- La Secretaría de Economía previa opinión de la Comisión fijara los precios que se determinen a bienes o servicios.

El artículo 93 de la LFCE dispone que no se requerirá dar autorización previa a las concentraciones:

1) Cuando la transacción implique una restructuración corporativa entre agentes económicos que pertenezcan a un mismo grupo de interés económico y no participe un tercero ajeno.

2) En el supuesto de que el titular de las acciones o participaciones incrementen su participación en la sociedad en la sociedad en la que tengan el control desde su creación o bien cuando el Pleno de la Comisión haya autorizado la adquisición de dicho control.

3) Si con su realización se afecten los activos, acciones o partes sociales a un fideicomiso cuyo fin no sea la transmisión de estas a una sociedad distinta.

4) Sí se trata se traten de operaciones sobre acciones o participaciones de sociedades extranjeras que no sean residentes en el país, siempre que estas operaciones no impliquen la adquisición del control sobre sociedades mexicanas.

5) Cuando el adquirente sea una sociedad de inversión de renta variable que adquiera acciones, valores o activos con recursos que provengan de la colocación de sus acciones propias, salvo que con la operación adquieran una influencia significativa en las decisiones del agente económico concentrando.

De entre el gran número de disposiciones normativas que resultan aplicables en materia de competencia económica, podemos destacar los siguientes rubros:

1. En materia de competencia.

- Ley Federal de Competencia Económica.
- Estatuto Orgánico de la CEFECE.
- Disposiciones Regulatorias de la Ley Federal de Competencia Económica.
- Reglamento de Transparencia y Acceso a la Información Pública de la Comisión Federal de Competencia Económica.

2. De Transportes.

- Ley de Aviación Civil y su Reglamento
- Ley de Aeropuertos;
- Ley de Navegación y su Reglamento;
- Ley de Puertos y Reglamento;
- Ley de Caminos, Puentes y Autotransporte Federal.

3. De telecomunicaciones.

- Ley Federal de Telecomunicaciones;
- Reglamento de Comunicación Vía Satelital, y
- Reglamento de Servicios de Telefonía Pública.

4. En el sector energético.

- Ley de Hidrocarburos;
- Ley de la Industria Eléctrica, y
- Ley de Órganos Reguladores Coordinados en Materia Energética.

5. Financiero.

- Ley de Comercio Exterior y Reglamento;
- Código Fiscal de la Federación
- Ley Orgánica del Tribunal Superior de Justicia Fiscal y Administrativa;
- Ley de la Propiedad Intelectual y Reglamento;
- Ley Federal de Derechos de Autor, y
- Ley Federal de Protección al Consumidor.

6. Normas varias.

- CCF, artículos 1910, 2142, 2144, 2145 y 2148.
- CPF, artículo 253.
- Ley de Infraestructura de Calidad, publicada en el DOF el primero de julio de 2020, que abroga como señala su artículo segundo transitorio a la anterior Ley Federal de Metrología y Normalización.

7. Autoridades en la materia.

- Comisión Federal de Competencia (COFECE).
- Instituto Federal de Telecomunicaciones (IFT).

En el texto del Manual de Organización Institucional de la COFECE se realiza una minuciosa enumeración de las disposiciones normativas de toda naturaleza, como leyes, reglamentos, circulares, y acuerdos que son aplicables en materia de competencia económica, la que por su extensión no transcribimos e invitamos al lector a su consulta.

3.6. Reglamento interior Comisión Federal de Competencia Económica.

Durante el gobierno de Calderón Hinojosa se promulga el Reglamento Interior de la Comisión Federal de Competencia Económica, que tiene por objeto, en los términos de su artículo primero, establecer la estructura orgánica y las bases de operación de la Comisión Federal de Competencia.

En este reglamento se determina la estructura orgánica de la CFCE, el marco de las responsabilidades de los servidores públicos a su cargo, y lo relativo a las medidas de apremio y notificaciones.

3.7. Estatuto Orgánico de la Comisión Federal de Competencia Económica.

En los términos de su artículo primero se dispone que el presente Estatuto tiene por objeto establecer la estructura orgánica y las bases de operación de la Comisión Federal de Competencia Económica a fin de dar cumplimiento al objeto de la Ley Federal de Competencia Económica.

En ella se encuentran las normas relativas a la organización y facultades de la Comisión, la integración y funcionamiento del Pleno, de la presidencia, las funciones de las Comisiones, de la autoridad investigadora, de la Secretaria técnica, y en general sobre el funcionamiento de los órganos internos de la COFECE.

Cap. IV. Conceptos básicos en materia de competencia económica.

Para Witker la intervención del Estado en la economía es un instrumento temporal del que se vale el poder público penetrando al sistema económico a fin de corregir las contradicciones y crisis internas del sistema económico liberal.

Por su parte, en opinión de Ginebra Serrabou en la actualidad las funciones del Estado en materia económica y su naturaleza han cambiado, en nuestra época el Estado ha pasado de proteger e impulsar la economía doméstica a proyectarse a su desarrollo a nivel internacional, debiendo asumir medidas estratégicas con mayor trascendencia para el futuro económico.

Así, debemos plantear que "en este sentido, es necesario que el Estado replantee su política de intervención en la economía sustituyendo las acciones correctoras que responden a toma de decisiones precipitadas de índole reactiva por iniciativas estratégicas más reflexivas y de mayor trascendencia de cara a un futuro económico." [24]

Lo anterior sin perder de vista lo que apuntamos en su oportunidad sobre las políticas restrictivas y las problemáticas estructurales que en los últimos años se han presentado en los principales mercados globales, entendiendo que, a pesar de ello, la corriente de apertura de la economía global se ha constituido como el eje rector de la mayoría de las economías y resultaría sumamente costoso y complicado para las principales potencias económicas dar marcha atrás en las políticas económicas asumidas.

Para continuar con nuestro análisis, y atendiendo a las características propias de la materia que tratamos, consideramos de todo punto necesario el detenernos a dimensionar los términos y conceptos que resultan base de nuestra regulación para, partiendo de su especificación, podemos comprender su trascendencia en la regulación de competencia.

4.1. Demanda.

La demanda de un bien o servicio se traduce en el requerimiento de los consumidores con respecto de dichos bienes, es decir, la demanda representa la exigencia de los consumidores respecto de un bien para cubrir sus necesidades.

La demanda de un bien o servicio se ve directamente condicionada por su precio, en opinión de Peredo Rivera existen cuatro elementos que influyen en la curva de la demanda:

a) El ingreso de los consumidores.
b) El tamaño del mercado.

[24] Ginebra Serrabou. *Opus cit.* Pág. 45.

c) El precio y cantidad de los productos sustitutos, y

d) Que la demanda de los productos se vea influida por otros elementos externos, por ejemplo, condiciones climáticas u otras condiciones externas.

1. Oferta: entendemos por oferta Entendemos que la oferta se ve representada por la cantidad de bienes y servicios que los distintos oferentes pueden colocar en un mercado en un momento determinado, comprendiendo tanto los bienes y servicios existentes, como la oportunidad de producir otros bienes.

La Elasticidad del mercado se encontrará en relación directa con el precio-demanda, cuando la variación es alta hablamos de una variación elástica, siendo que se presenta una variación inelástica cuando el precio responde muy poco a la variación de precios.

Se presenta un punto de equilibrio entre a oferta y la demanda "Habrá un equilibrio entre la oferta y la demanda cuando la cantidad que sedean adquirir los compradores sea igual a la cantidad que desean fabricar los productores." [25]

4.2. Mercado.

Conforme a la definición de la Real Academia de la Lengua Española entendemos por mercado al conjunto de actividades comerciales que afectan a un cierto sector de bienes (RAE).

Es un lugar común identificar al mercado con el espacio físico en el que tiene lugar los trasiegos comerciales, sin embargo, el término mercado se refiere a un concepto abstracto que implica que se presenten aquellas condiciones materiales que permiten el trasiego comercial entre los participantes en una actividad económica, sin referirse necesariamente a un espacio concreto.

Ginebra Serrabou nos señala que "no podemos definir el mercado únicamente como "un conjunto de dispositivos mediante los cuales entran en contacto los compradores y vendedores de un bien para comerciarlo". Por eso, el mercado es la institución económica que permite la apropiación privada y la participación común de los bienes materiales" [26]

[25] Peredo Rivera, Amílcar. *Derecho de la competencia económica. Teoría y Práctica.* Prólogo de Eduardo Raúl Arrocha Río. Segunda edición. Porrúa. México, 2014. Pág. 4.

[26] Ginebra Serrabou. *Opus cit.* Pág. 15.

4.3. Competencia.

La competencia en un mercado se traduce en una situación de empresas que rivalizan entre sí en un mercado, ofertando o demandando el productos o servicios similares. Este concepto contiene dos elementos:

a) Rivalidad real o potencial: la primera se manifiesta en el número de oferentes existentes en un mercado en un momento determinado, mientras que nos referimos a una competencia potencial cuando, atendiendo al alto margen de utilidad que se presenta en un mercado, agentes económicos que en la actualidad no son competidores, pueden en un tiempo relativamente breve convertirse en competidores.

b) Posibilidad de elección del consumidor: que el consumidor final pueda optar por distintos bienes o servicios diversos que satisfagan su necesidad.

4.4. Mercado de competencia libre.

Se rige bajo los principios de la teoría de *la mano invisible del mercado* de Adam Smith, la libre competencia se basa en la determinación de lo que debe producirse, en que porcentajes se va a producir y el costo final al consumidor conforme a la ley de la oferta y la demanda, la utilidad es lícita y se ajusta conforme a las leyes del mercado y la libre oferta y demanda de productos y servicios.

En este sentido el Papa Juan Pablo Segundo, dentro del marco de la *Doctrina Social de la Iglesia* en la encíclica *Centecimus annus* llegó a calificar al mercado como el instrumento más eficaz para colocar recursos y responder a sus necesidades.

4..5. Mercado de competencia perfecta.

Es aquel en donde concurren varios competidores y ninguno de ellos cuenta con un poder suficiente para alterar unilateralmente el precio de un producto en el mercado. Para que exista debe de presentarse:

En opinión de Leal Buenfil la existencia de un mercado de competencia perfecta implica necesariamente la concurrencia de los siguientes elementos:

a) Que exista un elevado número de compradores y vendedores con capacidad y voluntad, es decir, que no se presente la existencia de un agente económico preponderante y el precio de los bienes y servicios se fije libremente por la ley de la oferta y la demanda.

b) No se presentan barreras de entrada ni de salida en el mercado.

c) Se presenta una perfecta movilidad de los factores de producción, pudiendo trasladarse de un mercado a otro sin restricciones conforme a la autorregulación del propio mercado.

d) Que exista una información perfecta de todos los consumidores y productores, evitando las asimetrías en la información sobre cantidades, calidades y precios que puedan llegar a alterar al mercado.

e) Que el costo de las transacciones represente cero, entendiendo que la operación que se realice sobre el bien o servicio no represente un costo adicional.

f) Que se trate de productos homogéneos.

4.6. Mercado de competencia imperfecta.

Es aquel en que algunos oferentes pueden influir a controlar en alguna manera los precios de los productos. En la práctica no se presenta ningún mercado de competencia perfecta, en todos se presentan productores que por sí mismos o asociados con otros pueden alterar los precios voluntariamente sin que influya ningún otro factor externo.

Ante estas fallas en el mercado, el Estado se ve obligado a intervenir en su regulación, buscando paliar las diferencias entre los competidores restringiendo aquellas conductas que atenten contra la libre competencia.

La intervención del Estado se manifiesta en dos vías:

a) Directa: con la participación del Estado en su calidad de agente económica circunstancias similares a las de los agentes económicos privados.

b) Indirecta: por medio de regulaciones jurídicas para orientar y programar el desarrollo económico y la actividad de los particulares.

4.7. Economía a escala.

Alude a la compra de productos a gran escala que permite al comprador obtener un precio más bajo y consecuentemente obtener una mayor utilidad por unidad o bien hacer ventas a menor precio que sus competidores.

En esta economía a escala, un agente económico participa en diversas escalas de la cadena productiva, con lo cual se genera que el costo de la unidad de producto disminuye incrementándose la utilidad.

4.8. Monopolio.

La oferta de cierta mercancía o servicio se encuentra controlada por un solo oferente con poder suficiente para dominar el mercado y fijar el precio de un bien, pudiendo integrarse por una sola empresa o una agrupación de ellas en un Cartel.

Son elementos que caracterizan la existencia de un monopolio:

a) Presencia de un solo oferente.
b) Los bienes y servicios no tienen substituto
c) Existen barreras de entrada y salida de mercado.

Adicionalmente a lo apuntado, Zamora nos indica que para que se presente un monopolio es necesario la existencia de una mercancía estrictamente tipificada, es decir, que no tenga sustitutos próximos.

Para Leal Buenfil (2021) se presenta la existencia de tres tipos de monopolios:

1. Natural: Para que se presente la existencia de un monopolio natural es necesario que en un mercado se presenten altos costos de infraestructura para el desarrollo de un producto determinado o una economía a escala significativa, siendo que en ambos supuestos un solo oferente puede cubrir la demanda de dicho bien, resultando mucho más eficiente y menos costoso que si participacen varios oferentes.

Al hablar de un monopolio natural nos referimos a la presencia de mercados que solo pueden soportar la existencia de un solo agente económico, o aquellos casos que por los altos costos para incursionar en el marcado o la existencia de otras barreras de entrada, incursionar en un determinado mercado resulta poco atractivo para los agentes, aunado a que siendo eficiente el agente económico para cubrir la necesidades del mercado, puede generarse que la existencia de otro agente incremente los costos de producción.

Cuando nos referimos al concepto de monopolio natural debemos entender al concepto de *demanda de validez,* entendiéndolo como referido a una demanda mínima de un bien o servicio, de la cual depende la viabilidad de su producción, ya que de no lograse un mínimo de bienes requeridos por los consumidores, el mercado no sería costeable.

González de Cossío nos señala que este concepto se encuentra desacreditado en la actualidad para los economistas, que consideran que surgió como un argumento en favor de grupos de interés, y que en la actual economía de mercado no se produce.

2. Artificial: generada por las conductas de los agentes participantes

3. Legal: cuando por disposición expresa de la ley una actividad económica se encuentran reservada al Estado.

La existencia de un monopolio presenta consideraciones encontradas, pues, presenta tanto elementos que pueden considerarse positivos como negativos. Para nuestro autor los elementos negativos se traducen en los siguientes:

a) Perdida de bienestar: cuando ante el precio impuesto por el monopolista a un bien, el consumidor no lo escoge su primera opción optando por un substituto.

b) Búsqueda de rentas: se produce como consecuencia del costo que para el monopolista implican las medidas que toma para consolidar su posición monopólica.

c) Pérdida de inversión de los competidores: se genera cuando un posible competidor desiste de incursionar en un mercado debido a las conductas y prácticas del monopolista.

d) Pérdida de innovación: se parte de considerar que un mercado cautivo limita la necesidad de innovar en beneficio de la producción, sin embargo, esta postura es discutible en casos como el mercado tecnológico, en que la innovación constante se produce para conservar su hegemonía.

Por su parte, se considera beneficiosa la existencia de un monopolio cuando los beneficios de este superan sus costos:

1. Fracasos del mercado: cuando la existencia de un monopolio puede resultar socialmente preferible a la competencia, por ejemplo, cuándo el incremento en el número de competidores produjera un aumento en los niveles de contaminación.

2. Fomento a la innovación: el deseo de generar ganancias de una empresa se traduce en un aliciente para que se invierta en investigación y desarrollo de nuevos y mejores productos, como, por ejemplo, la empresa farmacéutica.

3. Externalidades: se entiende que la actividad de la empresa genera consecuencias en el entorno en donde se desarrolla, estas pueden ser positivas o negativas, se da el caso de que la existencia de muchas externalidades negativas cause que sea preferible la existencia de un monopolio que se presente una mayor competencia.

Del análisis que realiza sobre los monopolios, González De Cossío nos señala que existen al menos seis maneras para crear y conservar un monopolio:

a) La existencia de conocimientos privilegiados, entendiendo por estos la existencia de una estructura de investigación para el desarrollo de determinados bienes, aunada a las facultades de explotación temporal exclusiva otorgada por patentes y otros instrumentos jurídicos.

b) La superior capacidad productiva de uno o alguno de los oferentes.

c) Al presentarse la existencia de reglamentación y restricciones gubernamentales relativas a permisos, autorizaciones y licencias para la realización de determinadas actividades.

d) Que se produzca un monopolio natural, en atención a los elevados costos de producción o los altos requerimientos tecnológicos para la producción de un bien o servicio, sin embargo, en múltiples ocasiones, resulta mucho más eficiente la existencia de un pequeño grupo de productores o de un productor único que tenga la capacidad de cubrir los requerimientos del mercado a un menor costo, del que se presentaría de existir varios oferentes.

e) Cuando se presente la existencia de un control de insumos esenciales en manos de un pequeño grupo de productores, que opera en la exclusión de otros participantes en el mercado al no contar con libre acceso a dichos insumos.

Por su parte, la figura del monopsonio implica la existencia de un mercado en el que existe un único consumidor para un determinado bien o servicio, generando la restricción del mercado de forma similar a la de un monopolio.

4.9. Monopsonio.

Desde una perspectiva económica el monopsonio implica "un comprador único - o un grupo de compradores que obra de común acuerdo- que adquiere de un gran número de vendedores una mercancía tipificada que éstos no podrán venderla a nadie más" [27]

En un sentido jurídico, entendemos que se presenta un monopsonio "Cuando un mercado contiene un único comprador se caracteriza por ser un monopsonio. El monopsonio es el lado inverso (la otra cara de la moneda) del monopolio, y restringe el abasto de la misma manera que el monopolio." [28]

Si bien en principio esta figura que pudiéramos considerar que en un mercado interrelacionado a nivel global su existencia se antoje como complicada, sin embargo, en nuestro país se generó durante una primera etapa en la reforma en materia eléctrica, cuando la ley autorizó a los particulares la producción de energía para su autoconsumo, permitiendo que los excedentes de dicha producción se vendiesen a la Comisión Federal de Electricidad como único comprador.

4.10. Oligopolio.

En la actualidad es muy difícil que podamos encontrar un monopolio de una sola empresa, por lo regular asumen esta modalidad que implica un mercado con pocos participantes interdependientes, cada una de ellas podría fijar los precios por sí, pero toman decisiones sobre este y la oferta tomando en consideración por anticipado la reacción de los demás competidores.

El término oligopolio hace referencia a la existencia de pocos oferentes en un mercado, para el maestro Samuelson, el tamaño puede variar de entre dos agentes a constituirse por entre 10 a 15 competidores como máximo.

El oligopolio es el resultado de una colusión, ya sea tácita o expresa, que genera la interdependencia entre los agentes económicos que la integran, ya que la actuación de cada uno de los integrantes se encuentra condicionada por la actuación de los otros, así las decisiones que se tomen sobre el precio y/o el abasto de bienes y servicios se tomarán atendiendo al comportamiento de los otros agentes económicos.

Los oligopolios pueden ser de dos tipos:

[27] Zamora, Francisco. *Tratado de teoría económica.* Sección de obras de economía. Décimo novena edición. Fondo de Cultura económica. México, 1984. Pág. 311.

[28] González De Cossío. *Opus cit.* Pág. 76.

a) Oligopolio no cooperativo: se produce cuando en un mercado un grupo reducido de competidores, operan tomando en consideración la existencia de los demás, actuando de forma interdependiente al limitarse atendiendo la actuación de los otros, por ejemplo, para decidir sobre el monto de la producción de un bien o la oferta de un servicio.

b) Oligopolio cooperativo: cuando los diferentes agentes económicos cooperan a fin de minimizar la competencia entre ellos.

Cuando se produce una colusión entre empresas se hace de manera expresa se genera la existencia de un Cartel.

4.11. Cartel.

Se refleja en el sindicato o unión de varias empresas competidoras reales o potenciales entre sí, con el fin específico de comercializar productos buscando evitar o disminuir la competencia entre ellas, repartiéndose el mercado fijando de común acuerdo la producción de bienes y servicios y la determinación del precio.

Como apunta González De Cossío, no todas las situaciones del mercado son propicias para que se pueda establecer un Cartel, debiendo de concurrir las siguientes:

a) El producto debe definir el mercado relevante, existiendo barreras de entrada suficientes para que la entrada de nuevos competidores no pueda contrarrestar las decisiones tomadas.

b) Los miembros del Cartel deben de producir una porción suficiente de los bienes del mercado, para que su decisión no sea menoscabada por los demás competidores no participantes.

c) Los miembros deberán acordar sobre el abasto que cada miembro cubrirá.

d) El Cartel debe contar con los mecanismos para detectar la existencia de incumplimientos entre ellos.

e) El Cartel debe tener la posibilidad de castigar a los miembros que incumplan.

f) Se debe realizar lo anterior sin ser detectado.

Son condiciones para el establecimiento de un Cartel:

1. Un reducido número de miembros.
2. Concentración del mercado.
3. Factibilidad de llegar a un acuerdo.
4. La existencia de productos homogéneos.
5. Existencia de asociaciones de comercio.
6. Ordenes infrecuentes.
7. Bajos costos de organización.
8. Poca expectativa de una sanción grave.

Las condiciones que garanticen una libre competencia deben de ser reguladas por el Estado para evitar que las propias diferencias existentes en el mercado hagan que las prácticas de algunas empresas excluyan a otras del mismo.

La tarea fundamental del Estado es definir el marco legal e institucional que el clave para lograr los resultados económicos, sociales y éticos que dependan de las circunstancias concretas del país y la época.

Juan Pablo II reconoce el papel fundamental de la empresa, del mercado, de la propiedad privada y de su consiguiente responsabilidad con la libertad humana en el sector de la economía.

4.12. Competencia y eficiencia.

Entendemos que en un mercado ordenado en donde se presenten las condiciones para una competencia libre, esta se traducirá necesariamente en beneficio del consumidor al elevar la eficiencia del mercado, ofreciendo un mayor número de productos, de mayor calidad y a un menor precio.

En un mercado eficiente se racionaliza el empleo y uso de los recursos escasos para optimizar la producción de bienes y servicios a un menor costo. En nuestra economía globalizada la revolución tecnológica es un factor determinante para lograr la eficiencia económica y cubrir un mayor número de demandas y necesidades optimizando el empleo de insumos en la producción.

Para que un mercado funcione de modo eficiente, ninguna de las partes debe tener un poder sobre el producto o su precio, este poder proviene según Ginebra Serrabou de:

a) Del número de vendedores o compradores.

b) Del poder de los vendedores o compradores por su tamaño o las ventajas que se les otorguen.

c) De las preferencias de los consumidores y las características de los bienes que inciden en el precio.

d) De la información sobre la cantidad, calidad y precio de los bienes ofrecidos, así como sus características.

e) De las actuaciones de las autoridades económicas (impuestos, prohibiciones, etc.).

4.13. Información e incentivos.

La información que se encuentre a disposición tanto de los competidores como de los consumidores se traduce en un elemento necesario para la eficiencia operativa del mercado. La información sobre el producto, su cantidad, calidad, precio, indicaciones de uso, contraindicaciones, garantías, etc., permite al consumidor diferenciar y elegir razonadamente entre las diferentes opciones del mercado en beneficio directo.

La información adecuada que proporcione el productor facilita la competencia al delimitar las condicione que debe cubrir un producto para ser competitivo, en igualdad de condiciones, para los participantes del mercado, orillándolos a eficientar su producción para lograr un mayor mercado.

4.14. Barreras de entrada.

En la década de los años sesenta del Siglo pasado se desarrollaron en EUA. dos teorías que conceptualizan las barreras de entrada, por una parte, Joe S. Brian quien conceptualiza las barreras como un factor de mercado que permite a las empresas ya existentes, tener beneficios monopolísticos al disuadir a otras empresas de entrar en el mercado.

Sobre el mismo concepto Stigler sostiene que una barrera de mercado es un costo de producción que debe ser soportado por la empresa que entra a un mercado y que no es soportado por las ya existentes, implicando una distorsión.

Por barreras de entrada entendemos cualquier factor Financiero, institucional o legal que hace imposible la entrada de nuevas empresas a una industria o en general a la actividad económica como nos apunta Lancaster.

Serán tres los tipos de barrera de entrada existentes:

- Legales.
- Económicas y tecnológicas, e
- Informales

La ausencia de barreras de entrada es un presupuesto necesario para la existencia de la libre competencia.

4.15. Mercado Relevante.

Delimitar el concepto de mercado relevante es un factor determinante al momento de calificar cuándo se produce una práctica monopólica tanto absoluta como relativa respecto al poder sustancial del agente económico, como en lo referente a la medición de la participación en el mercado de los agentes económicos involucrados en una concentración.

Para delimitar un mercado relevante debemos referirnos a dos conceptos:

a) Producto relevante: que se integra por los bienes y servicios que lo conforman.

b) Mercado geográfico: Que se refiere al área geográfica donde se ofrecen diversos bienes y servicios.

ARTÍCULO 12 RLFCE. - Para efectos de la fracción II del artículo 13 de la Ley, son elementos que pueden considerarse como barreras a la entrada, entre otros:

I. Los costos financieros o de desarrollar canales alternativos, el acceso limitado al financiamiento, a la tecnología o a canales de distribución eficientes;

II. El monto, indivisibilidad y plazo de recuperación de la inversión requerida, así como la ausencia o escasa rentabilidad de usos alternativos de infraestructura y equipo;

III. La necesidad de contar con concesiones, licencias, permisos o cualquier clase de autorización gubernamental, así como con derechos de uso o explotación protegidos por la legislación en materia de propiedad intelectual e industrial;

IV. La inversión en publicidad requerida para que una marca o nombre comercial adquiera una presencia de mercado que le permita competir con marcas o nombres ya establecidos;

V. Las limitaciones a la competencia en los mercados internacionales;

VI. Las restricciones constituidas por prácticas comunes de los agentes económicos ya establecidos en el mercado relevante, y

VII. Los actos de autoridades federales, estatales o municipales que discriminen en el otorgamiento de estímulos, subsidios o apoyos a ciertos productores, comercializadores, distribuidores o prestadores de servicios

Para determinar cuándo es un producto relevante se ha elaborado un sistema que consiste en delimitar que otros productos son substitutos de unos productos específicos y, si su existencia limita la posibilidad del agente para fijar unilateralmente el precio.

Cuando el precio de venta de un producto está muy por encima de su costo de producción es un indicativo de un precio monopólico.

La base para definir el producto relevante parte de la igualdad de precios para los consumidores, en los supuestos en que el agente pueda discriminar precios entre distintos consumidores, ya sea por el uso que le dan al producto o por su ubicación geográfica, se podrán distinguir diferentes mercados.

La LFCE señala como criterios para considerar la existencia de un mercado relevante en los términos de lo estipulado en su numeral 58 LFCE:

1. La posibilidad de sustitución de un bien o servicio por otro, ya sea nacional o extranjero, considerando:

- En qué medida existen substitutos.
- Las posibilidades tecnológicas para su creación y empleo.
- Tiempos requeridos para su substitución.

2. El costo de insumos relevantes, distribución, de complementos y substitutos desde otras regiones o el extranjero, considerando:

- Aranceles, Fletes, Seguros, Restricciones no arancelarias, y Tiempo requerido para abastecer el substituto.

3. Costos y posibilidades para el consumidor de acudir a otros mercados para obtener el bien sustituto.
4. Restricciones normativas sobre el acceso de los consumidores a otros mercados.
5. De acuerdo con el art. 13 del Reglamento de la LFCE, se tomará en cuenta:

- Grado de posicionamiento de bienes o servicios;
- La falta de acceso a importaciones, y
- Los costos para acudir a otros mercados o proveedores.

La delimitación del espacio geográfico del mercado es de suma importancia, pues entre mayor amplitud demos al mismo, menores poderes de mercado tendrán los agentes económicos.

En México el mercado geográfico se define como aquella zona en que un determinado agente puede elevar los precios sin que con ellos atraiga a otros vendedores de diversas regiones o a que los consumidores acudan a otros mercados.

El mercado geográfico se mide considerando:

- Oferentes y
- Demanda.

Si no se presentan barreras de entrada que impidan la concurrencia de varios oferentes hablamos de la existencia de un solo mercado. En ocasiones, en atención a la propia naturaleza de los bienes o servicios podemos referirnos a la existencia de mercados regionales.

Para determinar la dimensión del mercado regional se realiza el siguiente ejercicio: cuándo ante el alza sostenida de un precio de un bien o servicios los consumidores acuden a un segundo mercado, será necesario incluir aquel en el concepto, haciéndose sucesivamente hasta que los consumidores no acudan a otro mercado, siendo ese momento cuando podrá determinarse el mercado relevante en su ámbito geográfico.

4.16. Poder sustancial.

El término poder sustancial no se encuentra delimitado por nuestra legislación, si bien, por su naturaleza podemos considerarlo como un concepto económico, de las referencias al mismo que se hacen en la norma se pueden delimitar sus características y naturaleza.

Para Núñez Melgoza "Cuando un agente económico tiene poder de mercado, entonces puede reducir la oferta para elevar el precio. A diferencia de la competencia, la elevación de precio no se traduce en una pérdida de la totalidad de las ventas de la empresa, lo que permite obtener mayores beneficios."[29]

Los Criterios para considerar la existencia de un poder sustancial se encuentran contenidos en el art. 59 de la LFCE:

[29] Núñez Melgoza, Francisco Javier. *El poder de mercado en la legislación de competencia económica.* Comentado por Guerrero Serreau, Renato. Colección Breviarios Jurídicos. Primera edición. Porrúa. México, 2003. Pág. 4.

a) Si por su participación en un mercado puedan por sí mismos fijar precios o restringir el abasto del mercado, sin que los otros competidores puedan, actual o potencialmente, contrarrestar dicho poder.

b) La existencia de barreras de entrada, así como otros elementos que puedan alterar éstas o la oferta de otros competidores.

c) La determinación de la existencia y el poder sus competidores, en su caso.

d) Las posibilidades de acceso a los competidores a fuentes de insumos necesarios.

e) El comportamiento reciente de los agentes económicos que participan en el mercado.

f) Los demás establecidos en el reglamento, así como los criterios teóricos que emita la Comisión.

De acuerdo con el art. 12 del Reglamento de la LFCE, se deben considerar:

- El grado de posicionamiento de los bienes y servicios en el mercado relevante.
- La falta de acceso de los consumidores a bienes substitutos importados o por la existencia de elevados costos de internación.
- La existencia de diferenciales elevados en costos que pudieran enfrentar los consumidores al recurrir a otros proveedores.

Cap. V. Monopolios, prácticas monopólicas y concentraciones.

En el contexto de la actual economía globalizada en la que se ha presentado un exponencial desarrollo de las grandes corporaciones transnacionales y su expansión a nivel global, esta circunstancia se ha traducido en un incremento proporcional en la consolidación de monopolios y el ejercicio de prácticas monopólicas.

La participación de estos grandes corporativos en mercados con diversos niveles de desarrollo representan un reto para los países receptores al momento de intentar regular estas conductas, pues el poderío económico de dichas empresas se traduce en la imposibilidad de ejercer un control efectivo sobre la práctica de conductas contrarias a la libre competencia en demerito de las industrias locales, siendo que en determinados sectores simplemente no se presenta una competencia real, teniendo así un dominio total de los mercados en los que operan traduciéndose en graves daños al desarrollo económico de los países receptores.

5.1. Monopolios.

El concepto de monopolio es de naturaleza principalmente económica, refiriéndose a una condición del mercado en el que existe la presencia de un solo oferente de un determinado bien o servicio. Si bien en la actualidad y como resultado de las dimensiones de los mercados como resultado de la globalización e interdependencia económica, la existencia de un único oferente se presenta como poco probable, imperando el concepto de prácticas monopólicas realizadas por un grupo de oferentes coludidos en un mercado y generándose los mismos efectos de un monopolio.

La real Academia de la Lengua define al monopolio desde tres perspectivas:

1. Concesión otorgada por la autoridad competente a una empresa que ésta aproveche con carácter exclusivo una industria o comercio. En donde encontramos definido al monopolio legal.

2. Es la situación de mercado en que la oferta de un producto se reduce a un solo vendedor.

3. Convenio entre mercaderes para vender los géneros a un determinado precio. Que se encuentra referida a prácticas monopólicas.

Jorge Witker determina como características del monopolio:

a) Posibilidad de establecer unilateralmente el precio de un bien o servicio.

b) La realización de conductas encaminadas a la supresión de la libertad de elección de los consumidores.

c) Las políticas de producción y venta de la empresa adoptadas con independencia de las condiciones propias del mercado y de las políticas comerciales adoptadas por sus competidores.

Así, desde un enfoque marcadamente económico Cuadrado Rauda la existencia de los monopolios responde a diversas condiciones:

1) Monopolio-oligopolio legal: que será aquel constituido por el Estado para restringir la entrada a una cota específica de producción o servicios.

2) Monopolio-oligopolio natural: Se presenta una economía a escala, en donde uno o unos pocos productores pueden producir a un precio más bajo que el que resultaría de existir varios productores, como acontece por ejemplo en la generación de energía eléctrica.

En la economía actual tanto en los mercados internacionales como en los nacionales, los monopolios se pueden también producir por otros factores como el control exclusivo de un elemento de la producción o existencia de patentes, que restringen la entrada de otras empresas al mercado.

Tanto los monopolios como oligopolios pueden conformarse como resultado de las concentraciones de grandes empresas de un mismo sector, tanto por absorciones hostiles o como resultado de múltiples operaciones en la lucha por el control del mercado. Desde un punto de vista económico, el atacar a estas figuras no tiene objeto por su sola conformación, sino, cuando como consecuencia de su capacidad de incluir en el mercado de un bien o servicio se traduzca un daño para el bienestar social.

"Los sistemas jurídicos suelen definir, por una parte, la existencia objetiva de un monopolio o de la posición dominante, y por otra, la utilización de esta situación de privilegio para obtener un lucro excesivo e ilegítimo (abuso de posición dominante), así como las acciones orientadas a lograr esa posición dominante -dificultando la entrada al mercado de otras unidades de producción, y/o desplazando a las existencias-." [30]

En el artículo 28 constitucional, se prohíbe la existencia de monopolio, las prácticas monopólicas, los estancos y las exenciones de impuestos, cuando las funciones del Estado no los consideren como monopolios.

En términos del artículo 1505 del TLCAN, Monopolio significa una entidad, individuo, consorcio u organismo gubernamental que, en cualquier mercado pertinente de un territorio de una parte, ha sido designado proveedora o comprador único de un bien

[30] Pérez Miranda, Rafael J. *Régimen de la competencia y de los monopolios. Un enfoque de derecho económico.* Primera edición. Porrúa. México, 2005. Pág. 29.

o servicio, pero no incluye a una entidad a la que haya otorgado un derecho de propiedad intelectual exclusivo, derivado de dicho otorgamiento.

El artículo 52 de la LFCE prohíbe los monopolios, las prácticas monopólicas, las concentraciones ilícitas y las barreras que restrinjan la libre concurrencia de competidores.

Por prácticas monopólicas entendemos aquellas conductas que generan el mismo perjuicio que los monopolios, pero en su realización intervienen dos o más empresas.

5.2. Prácticas Monopólicas.

Por prácticas monopólicas entendemos aquellas colusiones de productores que tienen por objeto determinar y alterar las condiciones propias de los mercados que permitan a los participantes realizar la fijación de precios y lograr una condición privilegiada en el mercado.

a) Prácticas monopólicas horizontales o absolutas.

1. Se presentan entre competidores reales o potenciales;
2. Restringen la competencia por medio de la fijación de precios;
3. Limitan la producción de bienes y servicios;
4. Generan la división de mercados;
5. Reparto de clientes, y
6. Manipulación de licitaciones.

Con base en el artículo 53 de la LFCE, se consideran absolutos los acuerdos, convenios, contratos, arreglos y convenciones que:

- Fijan unilateralmente el precio de bienes o servicios;
- Restringen la producción, comercialización, distribución de bienes o servicios a un número o frecuencia restringida;

- Dividir, distribuir, asignar o impongan porciones o segmentos del mercado actual o potencial de bienes o servicios de proveedores en tiempos o espacios determinados o determinables;

- Concreten o establezcan posturas o abstenciones en licitaciones, concursos o almonedas, o

- Intercambien información para lograr alguna de las previas conductas.

González de Cossío nos señala que tanto el análisis económico y la práctica apuntan a que, en determinadas circunstancias, puede resultar conveniente para los competidores el que incurran en prácticas monopólicas absolutas, por tiempos relativamente breves, lo cual se produce constantemente.

Sin embargo, por disposición expresa de la ley, todas las conductas señaladas en este apartado serán consideradas como ilícitas *de jure*.

b) Prácticas monopólicas verticales o relativas.

Se realizan entre agentes económicos colocados en etapas sucesivas de un proceso productivo, y sus efectos no son necesariamente anticompetitivos, pudiendo demostrarse ante la autoridad de competencia que con se realización se generarán beneficios en la eficientización de los mercados.

Con base en el artículo 54 de la LFCE, se consideran prácticas monopólicas relativas a aquellos acuerdos, convenios, contratos, arreglos y convenciones que:

1. Encuadren los supuestos del artículo 56 (conductas monopólicas por ley);

2. Lleven a cabo uno o más agentes económicos que individual o conjuntamente tengan un poder sustancial en el mercado en que se realiza;

3. Tenga o pueda tener por objeto el mercado o en uno relacionado (por ejemplo, el azúcar con los refrescos);

4. Desplacen indebidamente a otros agentes económicos;

5. Se impida sustancialmente el acceso a los agentes diversos, o

6. Establezcan ventajas exclusivas en favor de uno o varios agentes económicos.

En el artículo 55 de la LFCE se señala que todas las conductas mencionadas serán ilícitas, salvo que se demuestre que con su realización.

1) Se incida favorablemente en el proceso económico.

2) Se incida favorablemente en el proceso de competencia.

3) Resulte en una mejora al bienestar del consumidor, o

4) Generen ganancias de eficiencia (entre las que se podrán incluir las siguientes):

   a. Introducción de nuevos bienes y servicios.

   b. Aprovechamiento de saldos, productos defectuosos o perecederos;

   c. Reducción de costos derivados de la creación de nuevas técnicas o métodos de producción y el incremento de la producción de bienes y servicios diferentes con los mismos factores de producción;

   d. Introducción de nuevas tecnologías que produzcan bienes y servicios nuevos;

   e. Mejoras en calidad, inversiones y su recuperación impacta en la cadena de distribución, o

   f. Beneficien al consumidor superando sus efectos anticompetitivos.

Son conductas que constituyen prácticas monopólicas conforme al art. 56 LFCE:

1. División vertical del mercado, Fracc. I. Que agentes económicos que no sean competidores entre sí, fijen la comercialización o distribución exclusiva de bienes y servicios en razón de:

   - Sujetos; Situación geográfica;
   - Periodos determinados,
   - División, distribución o asignación de clientes o proveedores.
   - La prohibición de no fabricar o prestar bienes y servicios por un tiempo determinado o determinable.

2. Precios de reventa. Fracc. II. La imposición del precio o demás condiciones a un distribuidor o proveedor para comercializar bienes y servicios.

3. Ventas condicionadas o atadas. Fracc. III.

El ejemplo más común a una venta atada es el denominado paqueteo, existen dos tipos de paqueteo:

   a) Puro: cuando varios productos se venden únicamente como paquete.

b) Mixto: cuando los componentes originales son ofrecidos tanto en lo individual como en paquete.

Existen diferentes tipos de ventas atadas:

a) Amarres técnicos: cuando un producto para funcionar correctamente requiere del producto atado.

b) Amarres contractuales: cuando el consumidor se compromete a comprar el producto atado.

c) Proporciones variables: cuando la cantidad del producto atante varia con la intensidad del uso del producto atado.

d) Proporciones fijas: cuando la cantidad de ambos productos es igual.

e) Amarre de abasto: cuando el comprador del producto atante convenga en hacer todas sus compras de otro producto atado con el comprador.

f) Paqueteo: cuando la venta implique uno o más productos que se venden en porciones fijas.

g) Integración: la integración de dos productos antes separados en un solo producto.

La determinación de la existencia de una venta atada no presenta un criterio uniforme ni doctrinal ni en nuestra legislación.

4. Ventas con pacto de exclusividad. Fracc. IV.

No obstante que por su naturaleza esta práctica responde a una conducta monopólica relativa o vertical, puede generar efectos entre los productores como si fuere una práctica absoluta u horizontal.

Podemos dividir estos acuerdos en cuatro tipos:

a) Exclusividad de suministro: acuerdos celebrados entre el productor y el distribuidor.

b) Contratos de volumen de abasto: acuerdos por los que el productor que se obliga a vender en una entidad determinada toda su producción a un solo distribuidor.

c) Convenios de no competencia: son acuerdos por los cuales una parte se obliga a no realizar una actividad específica en una zona determinada.

Si bien y conforme el artículo 5 CPEUM estas prácticas restrictivas de dedicarse libremente a la actividad o comercio que se desee, la interpretación de la COFECE ha confirmado la validez de estos convenios siempre y cuando se encuentren limitados en cuanto a los siguientes aspectos:

a) Personal.

b) Geográfico.

c) Material.

d) Temporal: que no exceda de 5 años a menos que exista una justificación sólida en materia económica.

5. Negaciones de trato. Fracc. V. Reusarse a vender a determinadas personas bienes normalmente ofrecidos a terceros.

6. Boicots, Fracc. VI. Concentración entre varios agentes para ejercer presión o rehusarse a vender bienes y servicios de un agente económico para disuadirlo de determinada conducta.

7. Ventas depredatorias o depredación de precios. Fracc. VII.

8. Descuentos condicionados a exclusividad. Fracc. VII. Otorgar descuentos o beneficios a los compradores a condición de no adquirir o vender bienes de un tercero.

9. Subsidios cruzados. Fracc. IX. Uso de ganancias que un agente económico obtenga de la venta de un bien o servicio para financiar las partidas generadoras por otro bien o servicio.

10. Discriminación de precios. Fracc. X. Fijar distintos precios o condiciones para compradores en condiciones equivalentes.

11. Incrementos de costos para los rivales. Fracc. XI. Acciones conjuntas de varios agentes o uno solo cuyo efecto sea:

- Incrementar costos;
- Obstaculizar la producción,
- Reducir la demanda.

12. Insumos esenciales. Fracc. XII. Denegación o el acceso en condiciones discriminatorias a un insumo esencial hecha por uno o varios agentes, y

13. El estrechamiento de márgenes. Fracc. XIII. La reducción entre los costos de los insumos y el producto final por uno o varios agentes utilizando para su producción el mismo insumo.

Como nos apunta González de Cossío, nuestra norma señala los pasos a seguir para determinar la existencia de esta práctica:

a) Determinar la existencia de una práctica monopólica relativa.

b) La definición del mercado relevante.

c) Análisis del poder de mercado: que incluye una valoración de los efectos pro y anticompetitivos.

Para nuestro autor, se debe determinar la existencia de alguno de estos 3 resultados:

1. Desplazar indebidamente a otros agentes del mercado.
2. Impedir substancialmente el acceso de otros agentes al mercado.
3. Establecer ventajas exclusivas a favor de los agentes.

5.3. Libre Concurrencia

La existencia de un mercado perfecto presupone la inexistencia de circunstancias externas que alteran la libre concurrencia de los participantes en igualdad de condiciones de competencia. En este entendido, el artículo 3, fracción IV de la Ley Federal de Competencia Económica define como barreras a la competencia y a la libre concurrencia como "Cualquier característica estructural del mercado, hecho o acto de los Agentes Económicos, que tenga por objeto:

a) Impedir el acceso a competidores o limitar su capacidad para competir en los mercados.

b) Que impidan o distorsionen el proceso de competencia o libre concurrencia, y

c) Disposiciones jurídicas emitidas por cualquier orden de gobierno que indebidamente impidan o distorsionen en el proceso de competencia y libre concurrencia.

La Comisión Federal de Competencia Económica (CFCE) se encuentra facultada en términos del artículo 12 de la LFCE para garantizar la libre concurrencia y la competencia, la ley preverá lo conducente para prevenir y eliminar las barreras a la libre competencia en las proporciones necesarias para eliminar los efectos anticompetitivos por medio de los procedimientos que señala la ley.

Para el Juez segundo de Distrito Juan Pablo Gómez Fierro "…, podemos concluir que los derechos de la competencia y la libre concurrencia tienen una doble dimensión tanto individual como colectiva o difusa, por cuanto protege a los participantes en los mercados y, de manera preponderante, a los consumidores y la sociedad en general."[31]

El artículo 94 de la LFCE señala las investigaciones para determinar insumos esenciales o barreras a la competencia, las cuales trataremos en su oportunidad.

5.4. Estanco.

Ante las condiciones que el comercio internacional imponía a las colonias en América, se presentaba el que algunos comerciantes buscaran acaparar la comercialización de los bienes provenientes de los países de oriente, lo que generó que en virtud de ello se regulasen los denominados estancos o monopolios fiscales, así, la Corona conservaba para si el monopolio en la producción y comercialización de productos de primera necesidad (sal, tabaco, fósforos, etc.), cuyos elevados precios y su demanda rígida, permitía regular los ingresos conforme a las necesidades de la Hacienda pública.

Los estancos se encuentran prohibidos expresamente desde la Constitución de 1857, siendo este precepto recogido en la actualidad en el artículo 28 de la Constitución Política de los Estados Unidos Mexicanos.

El párrafo tercero del artículo 28 de nuestra carta magna, determina que la ley podrá fijar las bases para señalar precios máximos a los artículos necesarios para la económica nacional o el consumo popular, así como para imponer modalidades a la distribución a fin de evitar los intermediarios innecesarios que provoquen desabasto o alza de precios.

5.5. Posición dominante.

Una posición dominante implica que una empresa o un grupo de empresas, por la dimensión de su participación en un mercado relevante, puedan de forma unilateralmente fijar precios o restringir el abasto de bienes o servicios, sin que los agentes económicos competidores puedan actual o potencialmente limitar dicho poder.

Una empresa ocupa una posición dominante cuando un sector o rama de la actividad económica abastece una parte suficiente y significativa de la demanda de mercado, ejerciendo un poder monopólico, encontrándose en condiciones de hacerlo.

Conforme los principios señalados por la escuela de Chicago, en la ley no se sanciona el tamaño del agente económico, lo que equivaldría a sancionar el éxito de una empresa, circunstancia de todo punto ilógica cuando lo que se busca es la máxima eficientización de las cadenas productivas, sino que por medio de su sanción se busca prevenir la realización de conductas monopólicas.

[31] Gómez Fierro, Juan Pablo. *La suspensión de los efectos generales en el juicio de amparo*. Compendiado en Méndez Rodríguez, Laura A., *et al. Derecho de la Competencia. Nuevos paradigmas*. Colección Derecho Administrativo. Primera edición. Tirant lo blanch. México, 2023. Pág. 297.

El artículo 59 de la Ley Federal de Competencia Económica, señala los criterios para determinar la existencia del poder sustancial, y los cuales son los siguientes:

- Que por su participación en el mercado pueda de forma unilateral fijar precios o restringir el abasto en el mercado, sin que los agentes competidores puedan en la actualidad o potencialmente contrarrestar dicho poder.
- La existencia de barreras de entrada.
- La existencia y el poder de sus competidores en el mercado.
- Las posibilidades de acceso de los competidores a las fuentes de insumos.
- Comportamiento reciente de los agentes económicos que operan el mercado.
- Los criterios técnicos que emitan la Comisión o que se establezcan en las leyes reglamentarias.

5.6. Concentraciones.

En el contexto de la globalización económica a nivel internacional, la creciente competencia por posicionarse en nuevos mercados ha generado la necesidad para las empresas de fusionarse, adquirir o realizar alianzas estratégicas con otras empresas que les permitan incursionar competitivamente.

Es un hecho incontrovertible que el poderío económico de muchas grandes corporaciones que operan a nivel transnacional, representan un enorme reto para las empresas locales al momento de competir con ellas, circunstancia que obliga a buscar nuevas estructuras de mercado, siendo que, principalmente a partir de la década de los años 90 se presenta la tendencia a nivel global de la fusión de empresas, buscando incrementar su tamaño para así, aumentar su participación en el mercado e incluso para subsistir, como remarca González Aragón.

Como resultado de la competencia entre los agentes económicos en los mercados surgen, conforme lo señala Leal Buenfil, los "Grupos de interés económico se define como un conjunto de personas físicas o morales que tiene intereses financieros o comerciales afines, y coordinan sus actividades para lograr objetivos comunes" [32]

Las concentraciones se producen por multitud de razones, unas con un carácter de operaciones comerciales ordinarias en el trasiego empresarial, y otras que son por sus previsibles resultados son sancionadas por la LFCE. Destacamos de entre las causas ordinarias que generan una concentración:

a) La búsqueda del incremento de la eficiencia en un mercado determinado.

[32] Leal Buenfil. *Opus Cit.* Pág. 121.

b) El Incremento de la escala óptima entre el precio y la oferta en la cadena productiva.

c) El que se generen sinergias entre diversas actividades del propio agente.

d) Aumentar la eficiencia en su esquema de administración.

e) El que se presente la salida de un negocio fracasado del marcado, que será adquirido por un nuevo agente para su operación.

f) La existencia de motivaciones fiscales que resulten atractivas para los agentes económicos.

g) Las reestructuraciones de las empresas y la oportunidad de nuevas inversiones de entre otros posibles motivos financieros.

h) El impacto de los efectos de la publicidad en las actividades de la empresa.

i) El desarrollo y aprovechamiento de las oportunidades que la concentración puede generar en proyectos de investigación y desarrollo.

j) Como resultado de simples razones de especulación en los mercados.

"Las concentraciones ocurren como resultado de razones de negocio válidas que las justifican y que con frecuencia son pro-competitivas. Dicho sencillamente, las concentraciones ocurren puesto que existen eficiencias que las justifican" [33](González de Cossío, 2017, p. 587).

El artículo 61 de la Ley Federal de Competencia Económica define a las concentraciones, que se entienden como las fusiones, adquisiciones de control o cualquier otro acto de competidores, proveedores, clientes o cualquier otro agente económico que se concentre, como son: Sociedades, Asociaciones, Acciones, Partes Sociales, Fideicomisos y Activos en General.

La legislación española en la materia es contundente cuando "...establece que se produce una concentración económica cuando tenga lugar un cambio estable en el control de la totalidad o parte, de una o varias empresas como consecuencia de:

1. La fusión de dos o más empresas anteriormente independientes.

2. La adquisición por una empresa del control sobre la totalidad o parte de una o varias empresas.

[33] González Aragón, Gabriel. *Las concentraciones empresariales en el derecho mexicano.* Primera edición. Miguel Ángel Porrúa. México, 2013. Pág. 30.

3. La creación de una empresa en participación y, en general, la adquisición del control conjunto sobre una o varias empresas, cuando éstas desempeñen de forma permanente las funciones de una entidad económica autónoma."

Entendemos como nos ilustra Zuloaga que una concentración empresarial necesariamente implica que se genere una modificación en la estructura de control de las empresas participantes; el concepto de toma de control es reiteradamente planteado por nuestra norma de competencia como determinante para considerar las posibles razones para la concentración de una empresa y valorar sus probables efectos negativos en el mercado, dicho concepto no se encuentra definido en nuestros ordenamientos jurídicos, en este sentido, nuestro máximo tribunal ha determinado en que supuestos se puede considerar su existencia.

"Sin embargo, la Suprema Corte de Justicia de la Nación (SCJN) ha establecido que un agente económico puede ejercer control sobre otros para actuar en los mercados, en dos formas: de hecho y de derecho"[34] . Se tiene un control de derecho cuando la participación en el capital social le permita a un socio tener la mayoría e imponer sus decisiones o cuando tenga la capacidad de designar a los miembros del *consejo de administración* o a los *directivos*. Por su parte, se produce un control de hecho cuando un socio que no represente la mayoría del capital social pueda obtener la mayoría en una votación en atención a la concurrencia de otros socios o por la posición que asuman en el momento de la votación.

Son motivos que la autoridad reguladora toma en consideración para rechazar una propuesta de concentración el que la misma se genere con efectos:

a) Motivación monopólica.

b) Adquisición de activos para cerrarlos.

El grado de concentración de las empresas en un determinado mercado de refleja necesariamente en los niveles de competencia de aquel, siendo que, si en un nido se presentan elevados niveles de concentración, el estímulo para la incursión de nuevos agentes económicos disminuye facilitándose la existencia de prácticas monopólicas y dañando a dicho sector económico.

Para determinar el grado de concentración de un mercado en nuestro país se parte de considerar el enfoque estructura-conducta- resultado, el mecanismo empleado para medir el grado de participación de una empresa en el mercado es similar al empleado en los EUA y la UE, se utiliza el índice Herfindhal-Hirschman, por el cual se determina la concentración basándose en el cálculo del total de ventas de una empresa en relación con las ventas totales de dicho mercado, permitiéndose así valorar la condición de aquel en el momento actual y dimensionar los efectos que se generarían por la incorporación de los agentes económicos participantes.

[34] Leal Buenfil. *Opus cit.* Pág. 118.

Si bien los datos que arroje el análisis referido permiten obtener una referencia bastante precisa de las condiciones reales de participación de una empresa en el mercado, la autoridad en el momento de tomar una resolución debe de tomar en cuenta otros elementos adicionales que se desprenden del análisis que se haga del mercado, debiendo contemplarse:

1. Determinar la existencia de barreras de entrada.

2. Realizar la medición del nivel de poder de marcado de los agentes económicos competidores presentes en ese mercado.

3. El análisis de las condiciones que se presentan para el acceso a insumos necesarios.

4. La apertura que se presente en dicho mercado a las importaciones de insumos, y

5. La existencia de diferenciales de costo elevados entre los diversos competidores.

Los criterios de valoración y medición se fundamentan principalmente en:

a) El importe de las ventas anuales totales de los agentes involucrados.

b) El número de clientes de los que pretenden incorporarse,

Y en el caso de no poder determinarse satisfactoriamente los datos anteriores a consideración de la autoridad reguladora

c) La capacidad productiva de la empresa para delimitar su grado de participación en el mercado.

La resolución que se adopte como resultado del análisis del sector económico en que se pretenda la concentración, deberá igualmente atender al análisis del mercado relevante que tratemos, en el caso de los *Holdings* es conveniente evitar se mida únicamente a la empresa involucrada en la concentración sin soslayar la participación de la concentradora en el marcado, circunstancia que distorsionaría las condiciones reales de los agentes económicos participantes un mercado específico al infravalorar sus dimensiones en el mismo.

Conforme considera Zarkín Cortes, nuestra norma de competencia económica es un precepto deficiente y ambiguo, a la par de que concede facultades excesivas a la CFCE para determinar cuándo se produce una concentración de explotaciones y patrimonios a la luz de la literatura internacional de la materia, pues sólo maneja cómo criterio para determinar la existencia de una concentración la adquisición del control una empresa por parte de otra, cuándo existen diversas formas de concentración que implican subordinación entre empresas, sin distinguir tampoco entre agrupaciones temporales o permanentes.

El artículo 62 de la LFCE señala que serán sancionados aquellas concentraciones que tengan por objeto o efecto obstaculizar, disminuir, dañar o impedir la libre concurrencia o la competencia económica. No todas las concentraciones deben notificarse para su autorización antes de su celebración:

Deben notificarse antes de su celebración las contenidas el art. 86 de la LFCE.

I. *Cuando el acto o sucesión de actos que les den origen, independientemente del lugar de su celebración, importen en el territorio nacional, directa o indirectamente, un monto superior al equivalente a dieciocho millones de veces el SMGVDF.*

II. Cuando el acto o sucesión de actos que les den origen, impliquen la acumulación del treinta y cinco por ciento o más de los activos o acciones de un agente económico, cuyas ventas anuales originadas en el territorio nacional o activos en el territorio nacional importen más del equivalente a dieciocho millones de veces el SMGVDF.

III. Cuando el acto o sucesión de actos que les den origen impliquen una acumulación en el territorio nacional de activos o capital social superior al equivalente a ocho millones cuatrocientas mil veces el salario mínimo general diario vigente para el distrito federal y en la concentración participen dos o más agentes económicos cuyas ventas anuales originadas en el territorio nacional o activos en el territorio nacional conjunta o separadamente, importen más de cuarenta y ocho millones de veces el SMGVDF.

Son criterios empleados por la CFCE para valorar la conveniencia de una concentración:

a) La estructura del mercado: la identificación de los agentes económicos que son proveedores del mercado relevante y el grado de concentración de este.

b) La estructura de la industria: la participación que representen otros agentes económicos en los agentes concentrados, así como la participación de la concentrada en aquellos.

c) Eficiencias: el incremento que la concentración pueda llegar a generar en la eficiencia del mercado. Por su parte, como apunta Leal Buenfil, se considera que una concentración generará mayor eficiencia del mercado, siempre y cuando, los beneficios que se generen con su realización superen a sus efectos anticompetitivos. Se entenderá que se presentan estas circunstancias sí:

1. Se obtengan ahorros como resultado de la eficientización del mercado que se genera por la concentración.

2. Que se produzca una reducción de costos de producción sin que se disminuya la calidad de los bienes y servicios ofertados.

3. Que se genere el desarrollo y transferencia de nuevas tecnologías de producción.

4. Se disminuyan los costos de producción y comercialización como resultado de los efectos de la concentración.

d) Efectos de la concentración: en los consumidores y otros competidores.

e) Entidades y mercados relacionados: los efectos que la concentración genere en los mercados relacionados.

Los actos realizados en contravención a este artículo no producirán efectos jurídicos, sin perjuicio de la responsabilidad administrativa, civil o penal de los agentes económicos y de las personas que ordenaron o coadyuvaron en la ejecución, así como de los Fedatarios Públicos que hayan intervenido en los mismos.

Los actos relativos a una concentración no podrán registrarse en los libros corporativos, formalizarse en instrumento público ni inscribirse en el Registro Público de comercio hasta que se obtenga la autorización favorable de la Comisión

Como apunta González De Cossío no deberán de ser notificadas:

a) Las que se generen por reestructuras corporativas y no impliquen una alteración en la estructura del mercado.

b) Cuando el titular de los activos incremente su participación en una sociedad en la cual tenga el control desde su creación.

c) Las producidas por la constitución de fideicomisos de administración.

d) Las concentraciones que tengan verificativo en el extranjero, siempre y cuando no generen efectos en territorio nacional, a juicio de la COFECE.

e) Las realizadas por sociedades o fondos de inversión.

f) Las que se celebren entre entidades públicas.

ARTÍCULO 24 Reglamento de la Ley Federal de Competencia económica. La Comisión podrá considerar que es notorio que una concentración no tendrá como objeto o efecto disminuir, dañar, o impedir la competencia y libre concurrencia cuando:

I. La transacción implique una reestructuración corporativa en la que los agentes económicos involucrados pertenezcan a un mismo grupo económico de control y en la que no participe un tercero en la concentración;

II. La transacción implique la participación del adquirente por primera vez en el mercado relevante. Para estos efectos, la estructura del mercado relevante no debe modificarse y sólo implicará la sustitución de agentes económicos. Los involucrados en la concentración no deben participar en mercados relacionados a la concentración ni ser competidores potenciales del mercado relevante o mercados relacionados, o

III. Cuando el titular de acciones o partes sociales tenga el control de una sociedad e incremente su participación relativa en el capital social de dicha sociedad. Cuando la concentración pretendida no se ubique en alguno de los supuestos de este artículo, el Secretario Ejecutivo emitirá, de plano, el acuerdo que corresponda en términos del artículo 21 de la Ley.

No deben notificarse previo a su celebración las contempladas en el art. 93 de la LFCE.

I. Cuando la transacción implique una reestructuración corporativa, en la cual los agentes económicos pertenezcan al mismo grupo de interés económico y ningún tercero participe en la concentración;

II. Cuando el titular de acciones, partes sociales o unidades de participación incremente su participación relativa en el capital social de una sociedad en la que tenga el control de la misma desde su constitución o inicio de operaciones, o bien, cuando el pleno haya autorizado la adquisición de dicho control y posteriormente incremente su participación relativa en el capital social de la referida sociedad;

III. Cuando se trate de la constitución de fideicomisos de administración, garantía o de cualquier otra clase en la que un agente económico aporte sus activos, acciones, partes sociales o unidades de participación sin que la finalidad o consecuencia necesaria sea la transferencia de dichos valores una sociedad distinta tanto del fideicomitente como de la institución fiduciaria correspondiente.

Sin embargo, en caso de ejecución del fideicomiso de garantía se deberá de notificar si se actualiza alguno de los umbrales referidos en el artículo 86 de esta ley;

IV. Cuando se trate de actos jurídicos sobre valores o bajo contratos de fideicomiso que se verifiquen en el extranjero relacionadas con sociedades no residentes para efectos fiscales en México, de sociedades extranjeras, siempre que las sociedades involucradas en dichos actos no adquieran el control de sociedades mexicanas, ni acumulen en el territorio nacional acciones, partes sociales, unidades de participación o participación en fideicomisos o activos en general, adicionales a los que, directa o indirectamente, posean antes de la transacción;

V. Cuando el adquirente sea una sociedad de inversión de renta variable y la operación tenga por objeto la adquisición de acciones, obligaciones, valores, títulos o documentos con recursos provenientes de la colocación de las acciones representativas del capital social de la sociedad de inversión entre el público inversionista, salvo que como resultado o con motivo de las operaciones la sociedad de inversión pueda tener una influencia significativa en las decisiones del agente económico concentrado;

VI. En la adquisición de acciones, valores, títulos o documentos representativos del capital social de sociedades, que coticen en bolsas de valores en México o en el extranjero, cuando el acto o sucesión de actos no le permitan al comprador ser titular del diez por ciento o más de dichas acciones, obligaciones convertibles en acciones, valores, títulos o documentos y, además, el adquirente no tenga facultades para:

- *a) Designar o revocar miembros del consejo de administración, directivos o gerentes de la sociedad emisora;*
- *b) Imponer, directa o indirectamente, decisiones en las asambleas generales de accionistas, de socios u órganos equivalentes;*
- *c) Mantener la titularidad de derechos que permitan, directa o indirectamente, ejercer el voto respecto del diez por ciento o más del capital social de una persona moral, o*
- *d) Dirigir o influenciar directa o indirectamente la administración, operación, la estrategia o las principales políticas de una persona moral, ya sea a través de la propiedad de valores, por contrato o de cualquier otra forma;*

VII. Cuando la adquisición sobre valores, participaciones o fideicomisos sean realizadas por uno o más fondos d e inversión con fines meramente especulativos, y que no tengan inversiones en sociedades o activos que participen o sean empleados en el mismo mercado relevante que el agente económico concentrado, o

VIII. En los demás casos que establezcan las disposiciones regulatorias

Una vez determinado el análisis del grado de concentración del mercado relevante, la COFECE procederá a la realización de un examen más amplio que le permita allegarse de elementos para autorizar, condicionar o denegar la autorización a la concentración, así el estudio deberá considerar igualmente en los términos del artículo 63 LFCE:

1. El mercado relevante en los términos del artículo 58 de la Ley Federal de Competencia Económica.

2. La identificación de los principales agentes económicos que abastecen el mercado y el análisis de su poder de mercado y grado de concentración.

3. Los efectos de la concentración en el mercado respecto de los demás competidores y demandantes.

4. La participación de quienes se concentran en otros agentes económicos y de estos en quienes se concentran, siempre que esos agentes participen directa o indirectamente en el mercado relevante u otros relacionados.

5. Los elementos que aporten los agentes involucrados para acreditar la mayor eficiencia del mercado que se lograría con la concentración, y que incidirá favorablemente en el proceso de competencia y libre concurrencia.

6. Los demás criterios y elementos técnicos que establezcan las disposiciones regulatorias.

Por su parte, el artículo 64 de la LFCE señala los indicios que la autoridad reguladora debe de considerar para determinar si una concentración puede resultar ilícita:

a) Cuando confiera al fusionante, adquiérete o agente resultante de la concentración poder sustancial o incremente el propio y pueda obstaculizar, disminuir o dañar o impedir la libre concurrencia y la competencia.

b) Tenga por objeto el establecer barreras de entrada o impedir a terceros el acceso al mercado relevante o mercados relacionados a insumos o desplazar a otros agentes económicos.

c) Tenga por objeto facilitar a los participantes la comisión de conductas sancionadas por la ley.

Si los agentes económicos cotizan en la Bolsa Mexicana de Valores (en adelante BMV) o en el mercado bursátil del extranjero, cuando dichas operaciones no le permitan al comprador ser titular del 10% o más y el adquirente no tenga facultades para:

1. Designar o revocar miembros del consejo, directivos o gerentes.

2. Imponer directa o indirectamente decisiones al consejo.

3. Ser titular de derechos que le permitan directa o indirectamente ejercer el voto de un 10% o más del porcentaje accionario de la sociedad.

4. Dirigir o influenciar, directa o indirectamente a la administración extranjera o políticas del agente económico.

5. Cuando la adquisición sea hecha por dos o más fondos de inversión con fines especulativos y no tengan inversiones en otros agentes que participen en el mismo mercado relevante.

De esta guisa, para autorizar una concentración que conforme a la ley deba de ser previamente calificada por la autoridad reguladora, uno de los elementos para esta valuación será el considerar el impacto en el mercado relevante de la empresa resultante de la concentración así como determinar quién ejercerá el control sobre esta.

Siguiendo la línea planteada considero de suma importancia para cumplimentar los objetivos del dispositivo normativo, que en el análisis que para tales efectos de realice la autoridad repare en que personas ejercerán el control sobre la empresa resultante de la concentración, en atención de que como nos ilustra Castillo Ortega, el control sobre una sociedad se puede producir tanto en un plano interno como en un plano externo atendiendo a diversas circunstancias tanto de hecho como de derecho.

En estos términos, debemos de hacer hincapié en lo establecido en el numeral 2.8.1.20 de la Resolución Miscelánea Fiscal de Noviembre de 2021, en la que se incorpora la figura del Beneficiario Controlador en los términos de los artículos 32-b Ter, 32- B Quarter y 32-B Quinques del CFF para efectos fiscales, cuándo se presenta el supuesto de que se presente una Cadena de Titularidad cuándo una persona o grupo de personas ejercen el control sobre un agente económico mediante la titularidad indirecta de las acciones a través de otras personas morales, o cuándo se presenta una Cadena de Control al ejercer el control sobre una sociedad valiéndose de cualquier otra figura jurídica.

Lo anterior se puede presentar como una forma de encubrir a las personas que controlan a la sociedad y prestarse para ocultar concentraciones accionarias y de control que pueden terminar dañando la estructura del mercado, generando concentraciones de poder excesivas en unos cuantos participantes en el mercado en perjuicio de los demás competidores.

La LFCE faculta a la Comisión para tomar las siguientes medidas ante una concentración peligrosa:

a) Condicionar la concentración a la realización de las siguientes conductas:

   - Producir o abstenerse de producir determinados bienes.
   - Modificar los actos que deban ser realizados.
   - Comprometerse a realizar actos que incrementen la participación de competidores.
   - Cualquier otra medida que evite o dañe el proceso competitivo.

b) Ordenar la desconcentración.

c) Suprimir control del agente económico sobre la concentrada.

d) Suprimir algunos de los actos realizados en la concentración.

No podrán ser investigadas las concentraciones que hayan obtenido una resolución favorable de la Comisión, salvo que conforme se dispone en el numeral 64 LFCE:

1. Cuando la información presentada a la autoridad resulte falsa.

2. Cuando la resolución de la autoridad sujeta la concentración a condiciones posteriores y esta no sean cumplimentadas, y

3. Las que deben de ser previamente notificadas a la Comisión, una vez transcurrido seis meses desde su realización.

Atendiendo a la naturaleza de las operaciones comerciales y a la importancia que la oportunidad en la realización de una operación puede tener para el éxito comercial de la misma, generando que una actuación pueda traducirse en un negocio lucrativo o un fracaso, nuestra norma considera la posibilidad de permitir a los agentes económicos realicen los actos de la concentración sujetos a la condición suspensiva de la posterior autorización de la autoridad reguladora en los términos previstos en el numeral 16 de las Disposiciones regulatorias de la LFCE.

> *ARTÍCULO 16 DRLFCE. Para efectos del artículo 86 y la fracción I del artículo 87 de la Ley, los Agentes Económicos pueden acordar sujetar la realización de una transacción a la condición suspensiva de obtener la autorización de la Comisión y deben hacer constar que los actos relativos a la transacción no producirán efecto legal alguno hasta que se obtenga la autorización por parte de la Comisión o, en su caso, se entienda que no tiene objeción en términos de la Ley y se emita la constancia respectiva.*
>
> *En caso de que la Comisión sujete la realización de la transacción al cumplimiento de condiciones que tengan por objeto la prevención de posibles efectos contrarios al proceso de competencia y libre concurrencia que pudieran derivar de la concentración notificada, los Agentes Económicos deben hacer constar que se obligan a realizar los actos necesarios para cumplir con ellas y que, hasta en tanto no se obtenga la autorización, los actos correspondientes no producirán efecto legal alguno, excepto cuando la propia resolución así lo autorice.*
>
> *El acuerdo mencionado en el primer párrafo de este artículo puede constar en los libros corporativos o en* instrumento *público, los cuales deben ser presentados a la Comisión en testimonio o copia certificada, al momento de notificarse la concentración en términos del artículo 89 de la Ley o dentro de los diez días siguientes a la formalización del acuerdo.*

Adicionalmente, nuestra norma prevé la figura de la *afirmativa ficta* para el supuesto de que una vez transcurridos sesenta días a partir de la notificación, la autoridad reguladora no ha emitido su resolución, se entenderá como autorizada para todos sus efectos.

Cap. VI. Comisión Federal de Competencia Económica.

Como resultado de la promulgación de la LFCE en 1992, al año siguiente se da el surgimiento de la Comisión Federal de Competencia Económica (en adelante COFECE) como un órgano desconcentrado de la Secretaría de Comercio y Fomento Industrial (SECOFI). En opinión de Mena Labarthe su creación respondió a diversos factores:

1) A la ideología liberal imperante entre algunos de los funcionarios gubernamentales inmersos en el esquema del denominado Estado Regulador.

2) Como resultado de las negociaciones del acuerdo que creará al Tratado de libre Comercio de América del Norte (TLCAN).

3) Se vio influenciado por las recomendaciones y presiones generadas en el seno de organismos internacionales como la Organización de Cooperación y Desarrollo Económico (OCDE) y el Fondo Monetario Internacional (FMI).

4) Las presiones generadas por los diversos actores económicos para logar su incursión en nuestro mercado.

En el marco de la LFCE promulgada el 23 de mayo de 2014, en el artículo 10 de esta se señala que la COFECE es un órgano autónomo con personalidad y patrimonios propios, que tiene por objeto garantizar la libre concurrencia y competencia económicas, así como prevenir, investigar y combatir prácticas monopólicas, monopolios, las concentraciones ilícitas y demás restricciones al funcionamiento eficiente de los mercados.

Por su parte, conforme la Ley Federal de Telecomunicaciones el Instituto Federal de Telecomunicaciones es igualmente un órgano autónomo que cuenta con las facultades necesarias para regular la competencia en materia de radiodifusión y telecomunicaciones.

En la evolución de nuestro sistema administrativo en busca de la eficientización de la función pública, en los últimos años se ha adoptado la figura de los *órganos constitucionales autónomos* como una alternativa que permite la mayor especialización de las dependencias públicas en unidades altamente capacitadas con elevados conocimientos técnicos, que facilitan al Ejecutivo la realización de tareas que requieren de un elevado conocimiento de dichas áreas, así el Dr. Roldán Xopa nos apunta que *"la nueva organización del Estado no se da solamente con la presencia de un nuevo tipo de organismos públicos o con su pertenencia o separación de los poderes estatales tradicionales, hay un cambio en la forma de concebir la función pública."*[35]

Por su parte y refiriéndose al mismo tema, Zeind al referirse a los Órganos Constitucionales autónomos apunta que *"... se sostiene que su creación y funcionamiento*

[35] Roldan Xopa, José. *Opus cit.* Pág. 184.

no es otra cosa que parte de la reingeniería de la APF, donde la descentralización del poder ha resultado fundamental (a la manera de hacer a nivel doméstico las cosas) para cumplir con ciertas exigencias políticas y económicas provenientes de instancias más allá del país"[36].

La reforma publicada el 11 de junio del 2013 DOF en la fracción VIII del artículo 28 CPEUM determina que las normas generales, actos u omisiones de la Comisión Federal de Competencia Económica y del Instituto Federal de Telecomunicaciones podrán ser impugnados únicamente mediante el juicio de amparo indirecto y no serán objeto de suspensión.

Lo anterior como señala Roldán Xopa con el objeto pragmático de reducir los tiempos y costos del litigio, siendo consecuencia de las recomendaciones de la OCDE de impedir las dilaciones y evasiones que se generaban con la anterior ley, por la suspensión de los actos concedida en el amparo que debilitaban la seguridad jurídica.

Solamente en los casos en que la Comisión Federal de Competencia Económica imponga multas o la desincorporación de activos, derechos, partes sociales o acciones, éstas se ejecutarán hasta que se resuelva el juicio de amparo que, en su caso, se promueva.

Cuando se trate de resoluciones de dichos organismos emanadas de un procedimiento seguido en forma de juicio sólo podrá impugnarse la que ponga fin al mismo por violaciones cometidas en la resolución o durante el procedimiento; las normas generales aplicadas durante el procedimiento sólo podrán reclamarse en el amparo promovido contra la resolución referida. Los juicios de amparo serán sustanciados por jueces y tribunales especializados en los términos del artículo 94 de esta Constitución. En ningún caso se admitirán recursos ordinarios o constitucionales contra actos intraprocesales.

El artículo décimo segundo transitorio de la reforma señalada apunta que el Consejo de la Judicatura Federal deberá establecer Tribunales Colegiados de Circuito y Juzgados de Distrito especializados en materia de competencia económica, radiodifusión y telecomunicaciones, en un plazo no mayor a sesenta días naturales contados a partir de la entrada en vigor del presente Decreto.

El Consejo de la Judicatura Federal emitirá acuerdos de carácter general en los que se preverán la forma de asignación de los asuntos y la rotación de jueces y magistrados especializados que conocerán de los mismos, así como las medidas pertinentes para garantizar la independencia, objetividad e imparcialidad de los juzgados y tribunales a que se refiere el párrafo anterior.

[36] Zeind, Marco Antonio. *Organismos Constitucionales autónomos.* Monografías. Tirant lo blanch. México, 2018. Pág. 195.

6.1. Estructura Orgánica.

De conformidad con lo estipulado en el Título Segundo artículo 4 del Estatuto Orgánico de la COFECE, que se ha visto reformado el 27 de 27 de octubre de 2017 DOF, el 11 de julio de 2019 DOF, y la mayor parte de las reformas fueron publicadas en el DOF el 3 de julio del 2020, teniendo una última reforma el 24 de mayo de 2021 DOF, dicha institución se integrará de la siguiente manera:

ARTÍCULO 4. EOCOFECE. Para el ejercicio de sus atribuciones y el despacho de los asuntos que le competen, la Comisión contará con los siguientes órganos y unidades administrativas:

I. Pleno;

A. Directores Ejecutivos adscritos a los Comisionados;

II. Presidente;

A. Dirección General de Administración;

a. Director Ejecutivo de Recursos Humanos y Gestión de Talento;
b. Director Ejecutivo de Presupuesto y Finanzas;
c. Director Ejecutivo de Recursos Materiales, Adquisiciones y Servicios, y
d. Director Ejecutivo de Tecnologías de la Información y Comunicaciones.

B. Unidad de Planeación, Vinculación y Asuntos Internacionales;

a. Direcciones Generales de Coordinación:

1. De Promoción a la Competencia;

1.1 Director Ejecutivo de Análisis Regulatorio y Colaboración con el Sector Público.

2. De Planeación y Evaluación;

2.1 Director Ejecutivo de Planeación y Evaluación. Numeral

3. De Comunicación Social.

3.1 Director Ejecutivo de Comunicación Social.

b. Director Ejecutivo de Coordinación; y

c. Director Ejecutivo de Asuntos Internacionales.

C. Director Ejecutivo de Presidencia.

III. Autoridad Investigadora;

A. Direcciones Generales de Investigación:

a. De Inteligencia de Mercados;

1. Directores Ejecutivos adscritos a la Dirección General de Inteligencia de Mercados.

b. De Investigaciones de Mercado;

1. Directores Ejecutivos adscritos a la Dirección General de Investigaciones de Mercado.

c. De Investigaciones de Prácticas Monopólicas Absolutas;

1. Directores Ejecutivos adscritos a la Dirección General de Investigaciones de Prácticas Monopólicas Absolutas.

d. De Mercados Regulados.

1. Directores Ejecutivos adscritos a la Dirección General de Mercados Regulados.

B. Oficina de Coordinación;

a. Directores Ejecutivos de la Oficina de Coordinación.

C. Directores Ejecutivos adscritos al Titular de la Autoridad Investigadora.

IV. Secretaría Técnica;

A. Direcciones Generales Técnicas:

a. De Asuntos Jurídicos;

1. Directores Ejecutivos adscritos a la Dirección General de Asuntos Jurídicos.

b. De Concentraciones;

1. Directores Ejecutivos adscritos a la Dirección General de Concentraciones.

c. De Estudios Económicos.

1. Directores Ejecutivos adscritos a la Dirección General de Estudios Económicos.

B. Directores Ejecutivos adscritos a la Secretaría Técnica.

V. Dirección General de Asuntos Contenciosos;

A. Directores Ejecutivos adscritos a la Dirección General de Asuntos Contenciosos.

VI. Dirección General de Mercados Digitales;

A. Director Ejecutivo de Mercados Digitales.

VII. Órgano Interno de Control;

VIII. Unidad de Transparencia;

IX. Comité de Transparencia;

X. Los Comités Calificadores a que se refiere el artículo 48 BIS de este Estatuto.

XI. Delegaciones en el interior de la República Mexicana, y

XII. Los demás órganos y unidades administrativas que determine el Pleno de la Comisión, de acuerdo con el presupuesto autorizado y según la estructura orgánica que para tales efectos sea aprobada.

El Presidente, los Comisionados, los titulares de la Secretaría Técnica, de la Autoridad Investigadora y de la Unidad de Planeación, Vinculación y Asuntos Internacionales y los Directores Generales serán auxiliados por los Directores Ejecutivos que correspondan en términos de este Estatuto y demás personal necesario, conforme al Presupuesto asignado para el eficaz desarrollo de sus atribuciones, evitando la duplicidad de funciones. Los Directores Ejecutivos referidos en este Estatuto podrán ser auxiliados por el personal necesario para el cumplimiento de sus funciones conforme al Presupuesto asignado.

6.2. Pleno.

El art. 5 del Estatuto señala que el Pleno es el órgano máximo de la comisión y se integrará por siete comisionados, incluyendo al presidente; sus sesiones serán válidas si concurren, al menos cuatro, incluyendo al presidente. En este mismo artículo se determinan las competencias del pleno en treinta y nueve fracciones.

El art.6 del Estatuto señala que las sesiones del Pleno se realizarán de conformidad con lo establecido en el artículo 18 de la LFCE, pudiendo celebrarse tanto en el recinto oficial como por medios electrónicos.

Por su parte el numeral 7 del Estatuto establece podrá tener sesiones ordinarias que se celebrarán, al menos, cada 2 meses, estableciendo la ley que para la realización de las sesiones ordinarias del Pleno, se deberá convocar por lo menos con setenta y dos horas de anticipación, señalando el lugar, la fecha, hora y orden del día de la misma, así como los documentos necesarios para resolver. y las sesiones extraordinarias; que podrán ser solicitadas por el Presidente o cualquier otro integrante del Pleno.

En el artículo 10 del Estatuto se dispone:

ARTÍCULO 10. EOCOFECE. El Pleno podrá solicitar la comparecencia a la sesión de los servidores públicos de la Comisión para que expongan un asunto o detallen la información técnica del asunto que se discuta, conforme al orden del día correspondiente.

El Secretario Técnico levantará acta de las sesiones del Pleno, en la que se asentará una síntesis de los acuerdos o resoluciones que hayan sido aprobados por el Pleno; las actas se inscribirán en el libro o sistema de registro que al efecto determine el Presidente.

El Estatuto dispone en su artículo 8 que para la realización de una sesión extraordinaria, estas se deberán convocar con veinticuatro horas de anticipación. Siendo que en el supuesto de la existencia de casos excepcionales, las sesiones del Pleno podrán llevarse a cabo sin necesidad de convocatoria previa y serán válidas siempre y cuando se encuentren presentes todos los Comisionados y manifiesten su conformidad de llevarla a cabo.

En las treinta y cinco fracciones del artículo 12 se contemplan las múltiples facultades del Presidente de la Comisión, entre las que se señalan la de convocar, presidir, y ejecutar los acuerdos y resoluciones tomadas por el Pleno, y en general todas las facultades necesarias para el desarrollo de su gestión; por su parte las facultades del Director Ejecutivo se encuentran reguladas en el numeral 12 bis, y entre las que destacan la de ser Auxiliar del Presidente en las actividades administrativas y de logística entre las diferentes áreas de la Comisión a efecto de cumplir con las metas establecidas en el Plan Estratégico, Plan Anual de Trabajo y los Informes Trimestrales de la Comisión; y por su parte las competencias de los Comisionados consignadas en el numeral 14 del propio Estatuto, así como las competencias que corresponden a los Directores Ejecutivos adscritos a los Comisionados que se establecen en el artículo 14 bis del propio ordenamiento.

El art. 22 de la LFCE señala que los comisionados serán sujetos de juicio político en términos de la CPEUM.

Artículo 22 LFCE. Los Comisionados serán sujetos de juicio político en términos del Título Cuarto de la Constitución Política de los Estados Unidos Mexicanos y del Título Segundo de la Ley Federal de Responsabilidades de los Servidores Públicos.

Son causas de remoción las señaladas en el art. 23 de la LFCE.

Artículo 23 LFCE. El Senado de la República podrá remover a los Comisionados de su encargo, por las siguientes causas graves:

I. El desempeño de algún empleo, cargo o comisión, distinto de los propios de su cargo como Comisionado y con excepción de los cargos docentes;

II. Tratar asuntos de su competencia con personas que representen los intereses de los Agentes Económicos fuera de los casos previstos en esta Ley;

III. Participar en actos de campaña de partidos políticos en representación de la Comisión;

IV. Incumplir los acuerdos definitivos del Pleno;

V. Utilizar, en beneficio propio o de terceros, la Información Confidencial o Reservada de que disponga en razón de su cargo, así como divulgar la mencionada información en contravención a la Ley;

VI. Abstenerse de resolver sin causa justificada y en forma reiterada, los asuntos de su competencia dentro los plazos previstos en esta Ley;

VII. Someter a sabiendas, a la consideración del Pleno, información falsa o alterada con el objeto de influir en su decisión, y no excusarse de conocer y votar los asuntos en que tenga algún interés directo o indirecto.

El Órgano Interno de Control, cuando tenga conocimiento de los hechos que actualicen alguna de las causas de procedencia de la remoción y considere que existen elementos de prueba, notificará inmediatamente y sin demora a la Cámara de Senadores del Congreso de la Unión.

En estos casos, la Cámara de Senadores resolverá sobre la remoción, conforme al siguiente procedimiento:

> *a) La Cámara de Senadores acordará la creación de una Comisión Especial que fungirá como instructora en el procedimiento;*
>
> *b) La Comisión Especial citará al Comisionado sujeto al proceso de remoción a una audiencia, notificándole que deberá comparecer personalmente a rendir su declaración en torno a los hechos que se le imputen y que puedan ser causa de responsabilidad en los términos de esta Ley y demás disposiciones aplicables. En la notificación deberá expresarse el lugar, día y hora en que tendrá verificativo la audiencia; los actos u omisiones que se le imputen, y el derecho de éste a comparecer asistido de un defensor. La notificación a que se refiere este inciso se practicará de manera personal. Entre la fecha de la citación y la de la audiencia deberá mediar un plazo no menor de cinco ni mayor de quince días;*
>
> *c) Concluida la audiencia, se concederá al Comisionado sujeto al proceso de remoción un plazo de diez días para que ofrezca los elementos de prueba que estime pertinentes y que tengan relación con los hechos que se le atribuyen, y*
>
> *d) Desahogadas las pruebas que fueren admitidas, la Comisión Especial dentro de los cuarenta y cinco días siguientes someterá el dictamen con proyecto de resolución al Pleno de la Cámara de Senadores.*

La remoción requerirá del voto de las dos terceras partes de los miembros presentes en la sesión. La Mesa Directiva será la encargada de notificar la resolución correspondiente y ejecutar la remoción, sin perjuicio de cualquier otra sanción a que hubiere lugar de conformidad con la Ley Federal de Responsabilidades Administrativas de los Servidores Públicos.

Son prohibiciones de los comisionados, las señalas en los arts. 24 y 25 de la LFCE.

Artículo 24 LFCE. Los Comisionados estarán impedidos y deberán excusarse inmediatamente de conocer asuntos en los que existan una o varias situaciones que razonablemente le impidan resolver un asunto de su competencia con plena independencia, profesionalismo e imparcialidad. Para efectos de lo anterior, los Comisionados estarán impedidos para conocer de un asunto en el que tengan interés directo o indirecto.

Se considerará que existe interés directo o indirecto cuando un Comisionado:

I. Tenga parentesco en línea recta sin limitación de grado, en la colateral por consanguinidad hasta el cuarto grado y en la colateral por afinidad hasta el segundo, con alguno de los interesados o sus representantes;

II. Tenga interés personal, familiar o de negocios en el asunto, incluyendo aquellos de los que pueda resultar algún beneficio para él, su cónyuge o sus parientes en los grados que expresa la fracción I de este artículo;

III. Él, su cónyuge o alguno de sus parientes en línea recta sin limitación de grado, sea heredero, legatario, donatario o fiador de alguno de los interesados o sus representantes, si aquéllos han aceptado la herencia, el legado o la donación;

IV. Haya sido perito, testigo, apoderado, patrono o defensor en el asunto de que se trate, o haya gestionado anteriormente el asunto en favor o en contra de alguno de los interesados, y

V. Haya fijado pública e inequívocamente el sentido de su voto antes de que el Pleno resuelva el asunto.

Sólo podrán invocarse como causales de impedimento para conocer asuntos que se tramiten ante la Comisión las enumeradas en este artículo. Bajo ninguna circunstancia podrá decretarse la recusación por la expresión de una opinión técnica, ni por explicar públicamente la fundamentación y motivación de una resolución dictada por la Comisión o por haber emitido un voto particular.

Los Comisionados deberán excusarse del conocimiento de los asuntos en que se presente alguno de los impedimentos señalados en este artículo en cuanto tengan conocimiento de su impedimento, expresando concretamente la causa del impedimento en que se funde, en cuyo caso el Pleno calificará la excusa, sin necesidad de dar intervención a los Agentes Económicos con interés en el asunto.

Artículo 25 LFCE. Fuera de las audiencias previstas en los procedimientos establecidos en esta Ley, los Comisionados podrán tratar asuntos de su competencia con personas que representen los intereses de los Agentes Económicos, únicamente mediante entrevista.

Para tal efecto, deberá convocarse a todos los Comisionados, pero la entrevista podrá celebrarse con la presencia de uno solo de ellos.

De cada entrevista se llevará un registro que al menos deberá contener el lugar, la fecha, la hora de inicio y la hora de conclusión de la entrevista; los nombres completos de todas las personas que estuvieron presentes en la misma y los temas tratados.

Esta información deberá publicarse en el sitio de Internet de la Comisión.

Las entrevistas serán grabadas y almacenadas en medios electrónicos, ópticos o de cualquier otra tecnología, manteniéndose como información reservada, salvo para las otras partes en el procedimiento en forma de juicio, los demás Comisionados, el titular del Órgano Interno de Control y el Senado de la República en caso de que esté sustanciando un procedimiento de remoción de un Comisionado. La grabación de cada entrevista deberá estar a disposición de los demás Comisionados.

Los Comisionados no podrán ser recusados por las manifestaciones que realicen durante las entrevistas, salvo que de éstas se advierta que se vulnera el principio de imparcialidad. En su caso, la recusación deberá ser calificada por el Pleno.

Lo dispuesto en este artículo será sin perjuicio de la participación de los Comisionados en foros y eventos públicos.

El Pleno emitirá las demás reglas de contacto aplicables a la Autoridad Investigadora en el estatuto orgánico.

Los Consejeros serán los miembros del Pleno de la Comisión Federal de Competencia Económica, la selección de los consejeros se da como resultado de un proceso de selección ante el Comité Evaluador que se conforma por los titulares de los órganos autónomos de Banco de México, y el Instituto Nacional de Estadística y Geografía, quienes califican y realizan el análisis de idoneidad de los aspirantes que se les presentan. De la selección realizada por el Comité se le presentan los resultados al titular de Ejecutivo quien designará a los seleccionados para la posterior ratificación del Senado de la República.

Para la realización de sus competencias en el auxilio de las funciones asignadas al Pleno, la ley les confiere las siguientes competencias en los términos del art. 14 del Estatuto:

I. *Participar en las sesiones del Pleno y en sus deliberaciones con derecho a voz y voto;*

II. *Someter a la consideración del Pleno, en su carácter de Comisionado Ponente, los proyectos de resolución de los asuntos que les sean turnados, para su aprobación o modificación, en los términos que señala la Ley y el presente Estatuto;*

III. *Solicitar al Presidente la incorporación o remoción de asuntos en el orden del día;*

IV. *Someter a la consideración del Pleno la elaboración de Disposiciones Regulatorias, proyectos de directrices, guías, lineamientos y criterios técnicos y dar aviso sobre materias que puedan ser objeto de controversias constitucionales;*

V. *Proponer al Pleno, cuando así se considere necesario, la emisión de opiniones, así como la realización de estudios, trabajos de investigación e informes generales que se refiere la fracción XXIII del artículo 12 de la Ley;*

VI. *Solicitar, para el adecuado desempeño de su encargo, la colaboración e información de las unidades administrativas de la Comisión, en los términos de la normativa aplicable;*

VII. *Nombrar y remover al personal adscrito a su oficina y determinar libremente su estructura orgánica, de acuerdo con la disponibilidad presupuestal y las normas administrativas correspondientes;*

VIII. *Participar en los eventos de difusión, convenciones y congresos en materia de competencia y libre concurrencia cuando sea encomendado para tales efectos por el Presidente, o cuando sea invitado por organizaciones académicas, institucionales y sociales, nacionales o extranjeras;*

IX. *Firmar las resoluciones que emita el Pleno en las cuales participe;*

X. *Solicitar al Pleno que califique su excusa;*

XI. *Suscribir y enviar su voto por escrito en caso de ausencia de conformidad con el segundo párrafo del artículo 18 de la Ley;*

XII. *Recibir a los agentes económicos o a las personas legalmente autorizadas por éstos en las entrevistas a que se hace referencia en el artículo 25 de la Ley; y*

XIII. *Las demás que les confiera la Ley, el presente Estatuto, las Disposiciones Regulatorias, y demás normativa aplicable. Los Comisionados no podrán intervenir en las investigaciones que se encuentren en curso.*

6.3. Presidencia.

Al Comisionado presidente le corresponde la ejecución de las determinaciones del Pleno y la representación de la CFCE de la misma ante las autoridades y terceras personas. Sus competencias se encuentran señalas en el art. 20 LFCE y el artículo 12 del Estatuto Orgánico de la Comisión Federal de Competencia Económica (en adelante EOCFECE).

Al presidente le corresponde la representación de la comisión en el ámbito de sus facultades en los términos del artículo 20 LFCE, que le concede entre sus atribuciones:

Artículo 20 LFCE. Corresponde al Comisionado Presidente:

I. Actuar como representante legal de la Comisión con facultades generales y especiales para actos de administración y de dominio, pleitos y cobranzas, incluso las que requieran cláusula especial conforme a la Ley;

II. Otorgar poderes a nombre de la Comisión para actos de dominio, de administración, pleitos y cobranzas y para ser representada ante cualquier autoridad administrativa o judicial, ante tribunales laborales o ante particulares; así como acordar la delegación de las facultades que correspondan, en los términos que establezca el estatuto orgánico. Tratándose de actos de dominio sobre inmuebles destinados a la Comisión o para otorgar poderes para dichos efectos, se requerirá la autorización previa del Pleno. El Presidente estará facultado para promover, previa aprobación del Pleno, controversias constitucionales en términos de lo previsto por el inciso l), de la fracción I del artículo 105 de la Constitución Política de los Estados Unidos Mexicanos;

III. Dirigir y administrar los recursos humanos, financieros y materiales de la Comisión e informar al Pleno sobre la marcha de la administración en los términos que determine el estatuto orgánico;

IV. Participar con la representación de la Comisión en foros, reuniones, eventos, convenciones y congresos que se lleven a cabo con organismos nacionales, cuando se refieran a temas en el ámbito de competencia de la Comisión, de conformidad con lo establecido en esta Ley o designar representantes para tales efectos, manteniendo informado al Pleno sobre dichas actividades;

V. Convocar y conducir las sesiones del Pleno;

VI. Ejecutar los acuerdos y resoluciones adoptados por el Pleno; VII. Dar cuenta al Comité de Evaluación previsto en el artículo 28 de la Constitución Política de los Estados Unidos Mexicanos y a la Cámara de Diputados, de las vacantes que se produzcan en el Pleno o en el Órgano Interno de Control, según corresponda, a efectos de su nombramiento;

VIII. Proponer anualmente al Pleno el anteproyecto de presupuesto de la Comisión para su aprobación y remitirlo, una vez aprobado, a la Secretaría de Hacienda y Crédito Público para su inclusión en el proyecto de decreto de presupuesto de egresos de la federación;

IX. Presentar para aprobación del Pleno, dentro del mes de enero de cada año, el proyecto del programa anual de trabajo de la Comisión y trimestralmente los proyectos de informes de actividades;

X. Recibir del titular del Órgano Interno de Control los informes de las revisiones y auditorías que se realicen para verificar la correcta y legal aplicación de los recursos y bienes de la Comisión y hacerlos del conocimiento del Pleno;

XI. Someter a consideración del Pleno cualquier asunto competencia de la Comisión, y XII. Las demás que le confieran esta Ley, el estatuto orgánico, el Pleno y las demás disposiciones aplicables.

Por su parte las atribuciones que le competen al Consejero Presidente para llevar a cabo el adecuado ejercicio de sus funciones serán las establecidas en el numeral 12 del Estatuto de la Comisión.

ARTÍCULO 12.- EOCOFECE. El presidente presidirá al Pleno, tendrá la representación legal de la Comisión y contará con las siguientes facultades:

I. Otorgar poderes a nombre de la Comisión;

II. Emitir los acuerdos de suplencia y delegación de facultades a los servidores públicos que le estén adscritos, en los términos que señala la Ley y el presente Estatuto;

III. Proponer al Pleno la realización de actos de dominio sobre inmuebles destinados a la Comisión o para el otorgamiento de poderes para dichos efectos;

IV. Solicitar la autorización del Pleno para promover controversias constitucionales en términos de lo previsto por el inciso l), de la fracción I del artículo 105 de la Constitución Política de los Estados Unidos Mexicanos;

V. Solicitar la autorización del Pleno para remitir y solicitar expedientes al Instituto Federal de Telecomunicaciones, así como para remitir expedientes al Tribunal de Circuito Especializado en materia de competencia económica, radiodifusión y telecomunicaciones, a fin de que se proceda en los términos del artículo 5 de la Ley;

VI. Solicitar la autorización del Pleno para el ejercicio de las acciones colectivas de conformidad con la legislación aplicable;

VII. *Suscribir convenios o acuerdos interinstitucionales para el cumplimiento del objeto de la Ley, e informar al Pleno de los mismos;*

VIII. *Aprobar los informes de las actividades que la Dirección General de Administración realice en cumplimiento de sus funciones referentes al ejercicio y administración de los recursos humanos, financieros y materiales de la Comisión;*

IX. *Promover el estudio, la divulgación y aplicación de los principios de libre concurrencia y competencia económica, así como participar directamente en foros, reuniones, eventos, convenciones y congresos nacionales e internacionales; o, en su caso, solicitar la participación de los Comisionados, Titulares de la Autoridad Investigadora, de la Secretaría Técnica, de la Unidad de Planeación, Vinculación y Asuntos Internacionales o de otros servidores públicos;*

X. *Dirigir la política de comunicación social de la Comisión;*

XI. *Participar y coordinar con las dependencias competentes en la negociación y discusión de tratados o convenios internacionales en materia de competencia económica;*

XII. *Dar cuenta al Comité de Evaluación de la vacante de Comisionado o a la Cámara de Diputados del Congreso de la Unión de la vacante de Contralor Interno;*

XIII. *Proponer anualmente al Pleno, para su aprobación, el anteproyecto de presupuesto de la Comisión; remitir a la Secretaría de Hacienda y Crédito Público el proyecto de presupuesto aprobado por el Pleno;*

XIV. *Presentar, para aprobación del Pleno, el proyecto del programa anual de trabajo y los proyectos de informes de actividades;*

XV. *Presentar a los poderes Ejecutivo y Legislativo el programa anual de trabajo y, trimestralmente, un informe de los avances de las actividades de la Comisión;*

XVI. *Comparecer anualmente ante la Cámara de Senadores del Congreso de la Unión en términos del artículo 93 de la Constitución Política de los Estados Unidos Mexicanos;*

XVII. *Recibir del Contralor Interno, los informes de las revisiones y auditorías que se realicen y hacerlos del conocimiento del Pleno;*

XVIII. *Nombrar y remover a los titulares de las Delegaciones de la Comisión en el interior de la República Mexicana;*

XIX. *Implementar anualmente la estrategia y agenda de la Comisión en materia de rendición de cuentas;*

XX. *Proponer al Pleno proyectos de normas generales, tales como Disposiciones Regulatorias, directrices, guías, lineamientos y criterios técnicos, en las materias que señala la Ley; así como los manuales de organización, procedimientos y normas en materia de organización de archivos, transparencia y acceso a la información pública gubernamental;*

XXI. *Presentar al Pleno las solicitudes de opinión formal que sean formuladas en los términos del artículo 106, fracción I de la Ley;*

XXII. *Proponer al Pleno, para su aprobación, las políticas en materia de recursos humanos, materiales, financieros, de servicios generales y de tecnologías de la información de la Comisión, e informar de su cumplimiento;*

XXIII. *Nombrar y remover a los titulares de la Unidad de Planeación, Vinculación y Asuntos Internacionales y de la Dirección General de Administración;*

XXIV. *Nombrar o aprobar el nombramiento, y en su caso remover, a quienes se desempeñarán como servidores públicos a su cargo, de conformidad con la normativa aplicable;*

XXV. *Promover y coordinar las relaciones de la Comisión con las distintas dependencias y entidades de la Administración Pública Federal, de los Estados, del Distrito Federal, de los municipios, o de otros organismos públicos o privados, en lo relativo a los procedimientos de la Comisión;*

XXVI. *Solicitar el apoyo de autoridades extranjeras en los procedimientos que se lleven ante la Comisión;*

XXVII. *Solicitar el apoyo de la fuerza pública o de otras autoridades federales, estatales, del Distrito Federal o municipales cuando sea necesario para el desempeño eficaz de las facultades de la Comisión;*

XXVIII. *Convocar las sesiones del Pleno;*

XXIX. *Conducir las sesiones del Pleno;*

XXX. *Ejecutar los acuerdos y resoluciones adoptados por el Pleno;*

XXXI. *Turnar los expedientes al Comisionado Ponente;*

XXXII. *Ordenar, en los términos de las Disposiciones Regulatorias, la publicación de documentos en el Diario Oficial de la Federación o en cualquier otro medio de difusión de la Comisión;*

XXXIII. *Someter a consideración del Pleno cualquier asunto competencia de la Comisión;*

XXXIV. *Solicitar a los funcionarios públicos de la Comisión la información y datos necesarios para el debido ejercicio de sus funciones; y*

XXXV. *Las demás atribuciones de las unidades administrativas a él adscritas, así como las que le confieran la Ley, las Disposiciones Regulatorias, este Estatuto y demás disposiciones normativas aplicables.*

6.4. Secretaría Técnica.

Conforme el artículo 18 del Estatuto la Secretaría Técnica será jerárquicamente dependiente del Pleno y tendrá a su cargo la sustanciación de los procedimientos que se establecen en la Ley, las Disposiciones Regulatorias, el presente Estatuto y demás disposiciones normativas aplicables.

Sus competencias se encuentran en el art. 20 del Estatuto.

ARTÍCULO 20 EOCOFECE. Corresponde a la Secretaría Técnica:

I. *Nombrar y remover a los titulares de las Direcciones Generales Técnicas;*

II. *Dar fe de los actos en que intervenga;*

III. *Emplazar con el dictamen de probable responsabilidad a los probables responsables o, en su caso, ordenar la notificación del cierre del expediente, cuando el Pleno así lo decrete;*

IV. *Tramitar hasta su integración los procedimientos seguidos en forma de juicio señalados en el artículo 83 de la Ley;*

V. *Tramitar los procedimientos relativos a la notificación de concentraciones previstos en los artículos 90 y 92 de la Ley;*

VI. *Comunicar a los agentes económicos notificantes de una concentración los posibles riesgos al proceso de competencia y libre concurrencia a efecto de que presenten condiciones que permitan corregirlos;*

VII. *Tramitar los procedimientos de los artículos 94 y 96 de la Ley, una vez emitido y notificado el dictamen preliminar correspondiente;*

VIII. *Tramitar el procedimiento al que hacen referencia los artículos 98 y 99 de la Ley;*

IX. *Tramitar el procedimiento del artículo 106 de la Ley;*

X. *Tramitar los incidentes relativos al cumplimiento y la ejecución de las resoluciones de la Comisión, así como cualquier otro incidente en los términos de las Disposiciones Regulatorias;*

XI. *Turnar a las Direcciones Generales Técnicas los asuntos de su competencia y emitir proyectos de dictámenes respecto de los mismos;*

XII. *Dirigir y coordinar a las Direcciones Generales Técnicas para la integración de los expedientes, dentro del ámbito de su competencia;*

XIII. *Supervisar el debido trámite de los procedimientos seguidos ante ella, cuidando la uniformidad de criterios y que no se suspendan ni se interrumpan, proveyendo lo necesario para su debida regularización y conclusión;*

XIV. *Ordenar la acumulación o separación de los expedientes que tramite;*

XV. *Recabar los medios de convicción que resulten necesarios, formular prevenciones, citar a declarar a quienes tengan relación con los asuntos de su competencia, realizar inspecciones y visitas de verificación, otorgar prórrogas, así como realizar cualquier diligencia que considere necesaria cuando así lo disponga la Ley, este Estatuto, las Disposiciones Regulatorias u otros ordenamientos;*

XVI. *Aplicar las medidas de apremio que establece el artículo 126 de la Ley en ejercicio de sus atribuciones;*

XVII. *Habilitar días y horas inhábiles para la práctica de diligencias y notificaciones cuando hubiere causa que lo justifique;*

XVIII. *Ampliar los plazos en los procedimientos que se encuentren en el ámbito de sus atribuciones cuando así lo disponga la Ley, este Estatuto y las Disposiciones Regulatorias;*

XIX. *Comisionar a los servidores públicos a su cargo;*

XX. *Solicitar el apoyo de la fuerza pública o de otras autoridades federales, estatales del Distrito Federal o municipales en auxilio de sus facultades;*

XXI. *Solicitar a cualquier autoridad nacional o extranjera opiniones, información y documentación necesaria para sustanciar los procedimientos de su competencia;*

XXII. *Expedir copias certificadas o realizar cotejos de documentos o información para integrarlos a los expedientes, así como de las constancias que obren en el archivo de la Comisión;*

XXIII. *Requerir, en términos del artículo 69 del Código Fiscal de la Federación, a la Autoridad Fiscal, la información necesaria para el cálculo del monto de las multas a las que hace referencia la Ley;*

XXIV. *Presentar denuncias y querellas ante la Procuraduría General de la República respecto de probables conductas delictivas en materia de libre concurrencia y competencia económica;*

XXV. *Dar aviso al Pleno sobre materias que puedan ser objeto de controversias constitucionales y coadyuvar en el ámbito de su competencia con la Dirección General de Asuntos Contenciosos;*

XXVI. *Asistir a las sesiones de Pleno, así como dar fe de las mismas;*

XXVII. *Dar cuenta y levantar actas de las sesiones del Pleno y de las votaciones de los Comisionados;*

XXVIII. *Llevar el libro o sistema de registro de las actas del Pleno;*

XXIX. *Realizar las versiones públicas de las actas y versiones estenográficas de las sesiones del Pleno;*

XXX. *Expedir copias certificadas de las resoluciones y acuerdos de Pleno;*

XXXI. Proponer al Pleno los proyectos de opinión a las que se refiere el artículo 12, fracciones XII, XIII, XIV, XV, XVI, XVIII y XIX de la Ley;

XXXII. Proponer al Pleno proyectos de normas generales, tales como Disposiciones Regulatorias, directrices, guías, lineamientos y criterios técnicos, en las materias que señala la Ley; así como los manuales de organización, de procedimientos y las normas en materia de organización de archivos, de transparencia y acceso a la información pública gubernamental; así como coordinar y tramitar su consulta pública;

XXXIII. Clasificar y resguardar la información y documentos que haya obtenido en el ejercicio de sus atribuciones de conformidad con la normativa aplicable en materia de transparencia y acceso a la información pública gubernamental;

XXXIV. Elaborar, integrar y publicar la lista de notificaciones de los acuerdos de trámite que se colocarán a la vista del público en las oficinas de la Comisión y en su página de Internet;

XXXV. Ordenar la publicación en el Diario Oficial de la Federación de los documentos que se requieran conforme a la Ley, este Estatuto, las Disposiciones Regulatorias u otros ordenamientos;

XXXVI. Proponer al Presidente la celebración de bases de concertación y colaboración con otras dependencias, entidades, instituciones u organismos públicos o privados, con el objeto de facilitar el despacho de los asuntos que les correspondan;

XXXVII. Solicitar a las Direcciones Generales a su cargo el estudio de anteproyectos y proyectos normativos, iniciativas de ley, actos de autoridad, leyes, reglamentos, acuerdos, decretos, normas oficiales mexicanas y demás disposiciones de observancia general en materia de competencia económica y libre concurrencia;

XXXVIII. Coordinar los trabajos de las Direcciones Generales Técnicas para la elaboración de las opiniones y someterlas a consideración del Pleno;

XXXIX. Colaborar con la Unidad de Planeación, Vinculación y Asuntos Internacionales en la elaboración del proyecto de informe trimestral de actividades de la Comisión, así como en el programa anual de trabajo y los informes especiales que se requieran;

XL. Tener a su cargo la operación y control de la Oficialía de Partes de la Comisión;

XLI. Custodiar el archivo de los expedientes físicos y electrónicos de los documentos e información obtenida en el ejercicio de las facultades de la Comisión y seguir la normativa que en materia archivística y de resguardo de información que corresponda;

XLII. Tener a su cargo un registro de poderes de representantes legales y personas autorizadas en términos de las disposiciones aplicables;

XLIII. Ejecutar las actividades previstas en los lineamientos que establezca el Pleno en materia de Comités de Seguimiento y Proyectos Institucionales, y cumplir con las metas que se establezcan;

XLIV. Nombrar o aprobar el nombramiento, y en su caso determinar la remoción, de quienes se desempeñarán como servidores públicos a su cargo, de conformidad con la normativa aplicable;

XLV. Delegar las facultades a los servidores públicos a su cargo;

XLVI. Emitir orientaciones generales en materia de libre concurrencia y competencia económica que le sean formuladas de conformidad con el artículo 110 de la Ley;

XLVII. Prorrogar los términos para el trámite o la resolución de una concentración;

XLVIII. Prorrogar la vigencia de una resolución en materia de concentraciones;

XLIX. Dar aviso al Presidente de los asuntos que se integren o concluyan para la designación del Comisionado Ponente;

L. Dar respuesta o desechar las solicitudes y promociones que no tengan una tramitación específica establecida en la Ley;

LI. Ordenar la realización de visitas de verificación en los procedimientos a su cargo que así lo requieran;

LII. Presentar al Pleno su programa anual de trabajo y los informes trimestrales de cumplimiento;

LIII. Solicitar la autorización del Pleno para remitir y solicitar expedientes al Instituto Federal de Telecomunicaciones;

LIV. Coadyuvar con la Dirección General de Asuntos Contenciosos en la defensa jurídica de las resoluciones y determinaciones de la Comisión, así como cualquier otro asunto en que tenga interés la Comisión;

LV. Coordinar y supervisar la sistematización de resoluciones de la Comisión; y

LVI. Las demás atribuciones de las unidades administrativas a él adscritas, así como las que señalen la Constitución Política de los Estados Unidos Mexicanos, la Ley, este Estatuto, las Disposiciones Regulatorias u otros ordenamientos aplicables.

6.5. La Unidad de Planeación, Vinculación y Asuntos Internacionales.

ARTÍCULO 21. EOCOFECE. La Unidad de Planeación, Vinculación y Asuntos Internacionales dependerá jerárquicamente del Presidente y tendrá a su cargo la promoción de la política de competencia económica a nivel nacional e internacional así como su difusión; además de realizar la planeación de la Comisión, proponiendo metas institucionales y llevando a cabo su seguimiento.

Asimismo, tendrá a su cargo la coordinación y supervisión de las Delegaciones que se establezcan fuera de la Ciudad de México.

La Unidad de Planeación, Vinculación y Asuntos Internacionales estará a cargo del Jefe de Unidad de Planeación, Vinculación y Asuntos Internacionales, quien será apoyado para el ejercicio de sus facultades de las Direcciones Generales de Coordinación, los Directores Ejecutivos que correspondan en términos de este Estatuto y demás personal necesario.

De entre las facultades que la ley establece en favor del titular de la Unidad de Planeación podemos destacar las relativas a la coordinación de las Direcciones generales, el nombramiento y remoción de los titulares de estas, definir, coordinar y supervisar la contratación de consultorías para la realización de estudios especializados en materia de competencia económica y libre concurrencia; actuar en auxilio del Presidente de la Comisión en el establecimiento de enlaces y mecanismos de cooperación con instituciones públicas o privadas, nacionales o extranjeras en materia de competencia económica y libre concurrencia; y las demás contempladas en el artículo 22 del propio Estatuto.

6.6. Direcciones generales.

Conforme se dispone en el artículo 23 del Estatuto cada una de las Direcciones Generales se encontrará a cargo de un Director General, y el personal administrativo que requiera y se autorice por el presidente con el objeto de cumplimentar eficientemente su encargo, ante quien responderá directamente de sus funciones. Los Directores Generales tendrán en su auxilio Directores Ejecutivos.

Las competencias de las Direcciones Generales se encuentran contempladas en el artículo 24 del Estatuto:

I. Responder directamente del desempeño de sus funciones y del ejercicio de sus atribuciones ante el Pleno, el Presidente, la Autoridad Investigadora, la Secretaría Técnica o la Unidad de Planeación, Vinculación y Asuntos Internacionales, según corresponda su adscripción;

II. Asesorar y apoyar técnicamente a los Comisionados en el ámbito de sus respectivas facultades;

III. Planear, programar, organizar, dirigir, controlar y evaluar el desempeño de las labores encomendadas a los servidores públicos a su cargo;

IV. Ejercer las facultades que le sean delegadas de conformidad con la Ley, el presente Estatuto y las Disposiciones Regulatorias;

V. Recibir y tramitar, hasta su conclusión o integración, los asuntos que les sean turnados;

VI. Aplicar la normativa interna y acatar en los procedimientos de su competencia la uniformidad de criterios;

VII. Coordinar el ejercicio de sus atribuciones con otras Direcciones Generales o unidades de la Comisión cuando así lo requiera el buen funcionamiento de la misma;

VIII. Firmar las actuaciones que sean de su competencia;

IX. Emitir oficios de comisión para que los servidores públicos a su cargo asistan a eventos o desahoguen diligencias;

X. Emitir los acuerdos de trámite de los procedimientos a su cargo; así como aquellos que se requieran para el desahogo de diligencias;

XI. Elaborar, integrar y enviar a la Secretaría Técnica o a la Autoridad Investigadora, según corresponda, los extractos de acuerdos que se deban notificar por lista; XII. Ordenar y, en su caso, elaborar la traducción de documentos;

XIII. Elaborar los proyectos de manuales de organización y procedimientos de su competencia con el apoyo de la Dirección General de Administración;

XIV. Colaborar, con las demás Direcciones Generales, para su posterior envío al Pleno, al Presidente, a la Autoridad Investigadora, a la Secretaría Técnica o a la Unidad de 33 Planeación, Vinculación y Asuntos Internacionales, según corresponda su adscripción, en la propuesta de directrices, guías, criterios técnicos, lineamientos y demás instrumentos normativos requeridos para el funcionamiento de la Comisión en los temas de sus respectivas competencias;

XV. Expedir copias certificadas de las constancias que integren los expedientes a su cargo y realizar cotejos de documentos o información para integrarlos a los expedientes;

XVI. Elaborar los reportes de avance y la evidencia documental de las acciones a su cargo, establecidas en el Programa Anual de Trabajo vigente y demás documentos de planeación institucional;

XVII. Colaborar con el Pleno, el Presidente, la Autoridad Investigadora, la Secretaría Técnica o la Unidad de Planeación, Vinculación y Asuntos Internacionales, según corresponda su adscripción, para el cumplimiento de las obligaciones establecidas en la normativa de transparencia y acceso a la información pública;

XVIII. Nombrar a los servidores públicos que estarán a su cargo, con la aprobación del titular del órgano o unidad administrativa de su adscripción de conformidad con la normativa aplicable;

XIX. Proponer al titular del órgano o unidad administrativa el ingreso, promociones y licencias del personal a su cargo;

XX. Auxiliar al Pleno y al Presidente en la elaboración del programa anual de trabajo y de los informes trimestrales de actividades que deberán ser presentados a los Poderes Ejecutivo y Legislativo Federal por conducto del Presidente;

XXI. Identificar, conforme a lo previsto en la Ley, así como clasificar, de conformidad con la normativa aplicable en materia de transparencia y acceso a la información pública, la información y documentos que haya recibido u obtenido en el ejercicio de sus atribuciones;

XXI BIS. Coadyuvar con la Dirección General de Comunicación Social en la administración de contenidos del portal de Internet de la Comisión;

XXII. Aplicar los mecanismos de cooperación y coordinar acciones conjuntas con instituciones o autoridades públicas, nacionales o extranjeras y solicitar información a las mismas cuando así lo requiera la naturaleza y eficaz tramitación de los asuntos que tengan a su cargo; y

XXIII. Las demás que señalen la Ley, este Estatuto, las Disposiciones Regulatorias u otros ordenamientos aplicables

6.7. Direcciones Generales Operativas.

ARTÍCULO 25. EOLFCE. Corresponde a las Direcciones Generales Operativas:

I. Formular dictámenes, opiniones, informes y consultas de los asuntos que les correspondan;

II. Realizar todas las diligencias necesarias para la debida tramitación de los asuntos a su cargo, incluyendo las de requerir y recabar información, documentación o cualquier otro elemento de convicción, formular prevenciones, realizar inspecciones y visitas de verificación, así como citar a declarar a quienes tengan relación con los asuntos de que se trate;

III. Imponer las medidas de apremio que correspondan, lo que informarán a la Autoridad Investigadora o la Secretaría Técnica, según su adscripción;

IV. Otorgar prórrogas en términos de lo dispuesto por la Ley, en el ámbito de sus atribuciones;

V. Solicitar a la Autoridad Investigadora o a la Secretaría Técnica, según corresponda su adscripción, la ampliación de los plazos en los procedimientos;

VI. Acordar lo relativo a la admisión y desahogo de las pruebas u otros elementos de convicción ofrecidas dentro del procedimiento de su competencia;

VII. Integrar el expediente para su envío a la Autoridad Investigadora o a la Secretaría Técnica, según corresponda su adscripción;

VIII. Comisionar a uno o varios de los servidores públicos de su adscripción, según corresponda, para que lleven a cabo el desahogo las diligencias ordenadas;

IX. Solicitar el apoyo de la fuerza pública o de otras autoridades federales, estatales, de la Ciudad de México, municipales o de las demarcaciones territoriales cuando sea necesario para el desempeño eficaz de las facultades de la Comisión;

X. Dictar las medidas necesarias para encauzar legalmente el procedimiento; y

XI. Las demás que señalen la Ley, este Estatuto, las Disposiciones Regulatorias u otros ordenamientos aplicables.

6.8. Direcciones Generales de Investigación.

La Autoridad Investigadora es un órgano interno de la COFECE que contará con la estructura orgánica, así como los recursos humanos y materiales necesarios para la consecución de sus objetivos en los términos de su Estatuto Orgánico.

El nombramiento del titular de la unidad investigadora será nombrado por el Pleno de la Comisión conforme a lo dispuesto en el artículo 30 LFCE, mediante la votación de una mayoría calificada de cinco de los siete Comisionados del Pleno pudiendo ser reelecto.

> *Artículo 26 LFCE. La Autoridad Investigadora es el órgano de la Comisión encargado de desahogar la etapa de investigación y es parte en el procedimiento seguido en forma de juicio. En el ejercicio de sus atribuciones, la Autoridad Investigadora estará dotada de autonomía técnica y de gestión para decidir sobre su funcionamiento y resoluciones.*
>
> *Artículo 27 LFCE. La Autoridad Investigadora tendrá un titular que la representará y contará con la estructura orgánica, personal y recursos necesarios para el cumplimiento de su objeto, mismos que estarán sujetos a lo que se establezca en el estatuto orgánico de la Comisión.*

A esta le corresponde el desahogo de la etapa de investigación y son parte en el procedimiento seguido en forma de juicio. Sus atribuciones están en el art. 28 de la LFCE y el 21 del Estatuto.

Este órgano tiene una plena independencia en la toma de decisiones y en su funcionamiento interno, debiendo actuar conforme a los principios de certeza, exhaustividad, legalidad, imparcialidad y transparencia, correspondiéndole tomar a trámite o desechar las denuncias interpuestas, actuando como parte en el procedimiento seguido en forma de juicio.

La ley señala como facultades de este órgano:

a) Dar trámite a las denuncias presentadas ante la COFECE.

b) Está facultada para que, durante la realización de la averiguación para requerir documentos, realizar la citación de personas, efectuar visitas de verificación, recibir declaraciones, emitir medidas de apremio, y en su caso decidir sobre la probable responsabilidad.

c) Igualmente se encuentra facultada para no informar al Plano durante la etapa de investigación, hasta en tanto, una vez finalizada aquella emita su dictamen.

ARTÍCULO 15. EOCFCE. La Autoridad Investigadora y la Secretaría Técnica, de acuerdo con lo establecido en el presente Estatuto, serán apoyadas para el ejercicio de sus funciones por las Direcciones Generales Operativas que les correspondan y se auxiliarán del personal necesario, de acuerdo con la disponibilidad presupuestal y las normas administrativas correspondientes, para el eficaz desarrollo de sus atribuciones.

ARTÍCULO 16. EOCFCE. La Autoridad Investigadora es la encargada de iniciar, sustanciar, turnar, coordinar y supervisar las investigaciones establecidas en la Ley y es parte en el procedimiento seguido en forma de juicio. La Autoridad Investigadora deberá proporcionar al Presidente y al Pleno la información necesaria para la realización de los programas anuales de trabajo, informes de actividades y la demás información que le sea requerida para el eficaz cumplimiento del objeto de la Comisión, sin que en ningún caso pueda revelar la estrategia o líneas de investigación de las investigaciones en curso.

ARTÍCULO 26 EOCOFECE. Corresponde a las Direcciones Generales de Investigación, excepción hecha de la Dirección General de Inteligencia de Mercados:

I. Tramitar los asuntos e investigaciones que les turne, delegue o encomiende la Autoridad Investigadora;

II. Elaborar y someter a la consideración de la Autoridad Investigadora los proyectos de dictámenes de probable responsabilidad y de dictámenes preliminares o, en su caso, el proyecto de dictamen de cierre;

III. Desahogar las pruebas y las diligencias a que se refieren las fracciones III y IV del artículo 83 de la Ley;

IV. Asistir a las audiencias orales y presentar alegatos, así como desahogar la vista a que se refiere el artículo 83, fracción II de la Ley;

V. Proponer a la Autoridad Investigadora las medidas cautelares que resulten necesarias en los términos de la Ley y las Disposiciones Regulatorias;

V BIS. Con el auxilio de la Dirección General de Inteligencia de Mercados, buscar y obtener elementos de convicción mediante el análisis forense de información obtenida en el trámite de las investigaciones, para lo cual podrán comisionar a los servidores públicos a su cargo;

VI. Procurar y propiciar la coadyuvancia del denunciante en el procedimiento seguido en forma de juicio, en los casos en que resulte aplicable; y

VII. Las demás que le delegue o encomiende el titular de la Autoridad Investigadora y las que se señalen en la Ley, este Estatuto, las Disposiciones Regulatorias u otros ordenamientos aplicables.

Conforme a lo dispuesto por el Estatuto que comentamos son cuatro las Direcciones Generales de Investigación, las cuales gozarán, además de las competencias apuntadas, aquellas que requieran para el ejercicio eficaz para el desarrollo de sus actividades:

a) Dirección General de Investigaciones de Prácticas Monopólicas Absolutas: en los términos del art 28 EOCOFECE le corresponde:

    1. Efectuar las investigaciones relativas a las prácticas monopólicas absolutas; y

    2. Realizar lo tramitación del procedimiento correspondiente al beneficio de reducción del importe de multas a que se refiere el artículo 103 de la Ley.

b) la Dirección General de Investigaciones de Mercado, la cual adicionalmente a las competencias señaladas para las Direcciones Generales, le corresponde en los términos del art. 29 EOCOFEDE la de practicar las investigaciones por prácticas monopólicas relativas o concentraciones ilícitas.

c) la Dirección General de Mercados Regulados que tendrá a su cargo la tramitación de las investigaciones relativas a los artículos 94, 96, y 97 de la LFCE referentes a la determinación de la existencia de Insumos Esenciales y la existencia de Barreras de Entrada, así como la resolución de Condiciones de Mercado en los términos del art. 30 OECOFECE.

d) la Dirección General de Inteligencia de Mercados: a la que le corresponde en los términos del art. 31 OECOFECE colaborar con las Direcciones Generales en las investigaciones que realicen, emitiendo los reportes que les sean solicitados así como, proporciona asesoría técnica para el desarrollo de líneas de indagación de probables prácticas anticompetitivas; recibir, recopilar, sistematizar y estandarizar información, documentación o cualquier otro elemento sobre los mercados, sobre actos específicos de los agentes económicos, y auxiliar en la búsqueda, preservación y obtención de indicios, elementos de convicción o pruebas necesarias en el trámite de los procedimientos contenidos en la Ley; elaborar reportes técnicos especializados y auxiliar en cualquier aspecto técnico que pueda presentarse durante el desarrollo de las actividades de las Direcciones Generales de Investigación.

6.9. Órgano Interno de Control.

En términos del art. 37 de la LFCE es un órgano dotado de autonomía técnica y de gestión para la realización de sus labores en cuanto a la fiscalización de los recursos, así como el régimen de responsabilidades, su principal función consiste en prevenir, investigar y en su caso sancionar las conductas de los funcionarios de la COFECE y los agentes privados que realicen acciones graves.

"Pero el órgano Interno de Control no debe sólo auditar, sino, además de promover ante las instancias correspondientes, las acciones legales procedentes para sancionar las conductas inadecuadas de los servidores públicos, o el uso indebido de recursos. Para ello, debe investigar, al interior de la Comisión, las conductas o hechos que impliquen alguna irregularidad o ilícito en la aplicación y manejo de los recursos federales. Incluso, deben evaluar los informes trimestrales de la gestión financiera sobre los programas presupuestados y concluidos." [37]

> *Artículo 37 LFCE. La Contraloría es un órgano dotado de autonomía técnica y de gestión para decidir sobre su funcionamiento y resoluciones. Tendrá a su cargo la fiscalización de los ingresos y egresos de la Comisión, así como del régimen de responsabilidades de los servidores públicos.*
>
> *La Contraloría, su titular y el personal adscrito a la misma, estarán impedidos de intervenir o* interferir *en forma alguna en el desempeño de las facultades y ejercicio de atribuciones en materia de libre concurrencia y competencia económica que esta ley y las demás disposiciones aplicables confieren a los servidores públicos de la Comisión.*

Su titular es designado por voto de la Cámara de Diputados, encontrándose en funciones durante un período de cuatro años, pudiendo ser reelecto por una sola vez para el mismo cargo.

Conforme dispone el art 42 EOCOFECE el Órgano Interno de Control de la Comisión está dotado de autonomía técnica y de gestión para decidir sobre su organización y funcionamiento. Para el despacho de los asuntos de su competencia, Serán áreas adscritas al Órgano Interno de Control:

a) Área de Substanciación y Resolución de Responsabilidades.

b) Área de Auditoría Interna.

c) Área de Control Interno y Mejora de la Gestión.

d) Investigación de Denuncias.

6.9. Unidad de Transparencia.

[37] Leal Buenfil. *Opus cit.* Pág. 141.

Como nos apunta Ovilla bueno a nivel internacional se presentan diversos acuerdoa relativos a la protección de datos personales, siendo que en desde 1980 la OCDE había emitido recomendaciones sobre el tema; para 1990, la ONU adoptó una serie de lineamientos generales sobre la protección de datos personales, igualmente en 1994 la OMC reguló la protección de dichos datos, y en nuestro país en el 2002 se publicó la Ley Federal de Transparencia y Acceso a la Información Pública Gubernamental que es abrogada por la Ley Federal de Transparencia y Acceso a la Información Pública, publicada en el Diario Oficial de la Federación el 9 de mayo de 2016.

Como destaca nuestra autora "Entonces, es necesario proteger la esfera privada del individuo, su intimidad de la posible utilización por parte de terceros de su información personal. La cual debe incluir dos aspectos, uno primero relativo a los datos generales (nombre, dirección, teléfono, edad) y un segundo relativo a sus datos más personales que en ocasiones pueden ser considerados como sensibles (su religión, pertenencia a un sindicato, su raza, o su etnia)"[38] Datos que en materia de empresas pueden llegar a tener un interés económico determinante y de grandes dimensiones.

> *ARTÍCULO 48 EOCOFECE. El Secretario Técnico será el titular de Unidad de Transparencia de la Comisión y ejercerá las funciones que se establezcan en las leyes que emita el Congreso de la Unión en materia de transparencia y protección de datos personales, así como en las normas internas de la Comisión o cualquier otro ordenamiento aplicable. Los demás órganos de transparencia de la Comisión se regirán conforme al Reglamento emitido por el Pleno en esta materia*

6.11. Los Comités Calificadores a que se refiere el artículo 48 BIS de este Estatuto.

Conforme apuntamos en su oportunidad las disposiciones del Estatuto han sufrido diversas reformas para adecuar sus disposiciones a las exigencias operativas de la propia Comisión, en este entendido como resultado de la reforma publicada en el DOF el 11 de julio de 2019 se adicionó el artículo 48 bis que dispone al tenor de las políticas públicas sobre protección de datos personales que , la Comisión contará con Comités Calificadores cuya función será determinar en qué casos cierta información será susceptible de protección por contener comunicaciones que tengan como finalidad la obtención de asesoría legal. La integración y forma de operación de dichos Comités serán los establecidos en las Disposiciones Regulatorias.

6.12. Delegaciones en el interior de la República Mexicana.

La Comisión Federal de Competencia Económica en términos del artículo 52 EOCOFECE podrá contar con delegaciones en las entidades federativas o, en su caso, en regiones geográficas que abarquen más de una entidad federativa, siempre y cuando sea indispensable para el ejercicio eficaz y oportuno de sus atribuciones y cuenten con recursos aprobados para dichos fines.

[38] Ovilla Bueno, Rocío. *La protección de los datos personales en México.* Comentario de Correas Vázquez, óscar. Colección Breviarios Jurídicos. Primera edición. Porrúa. México, 2005. Pág. 33.

Cap. VII. Procedimientos administrativos internos.

Gabino Fraga nos apunta que la actividad del Estado se traduce en el conjunto de actuaciones y actos materiales y jurídicos que el Estado realiza cumplimentando las facultades y atribuciones que le otorga la legislación.

Partimos de considerar que "el procedimiento administrativo constituye un instrumento formal, necesario para la producción de los actos de la administración, puesto que él mismo es el que le va a dar una condición de validez a éstos, ya que, de no seguirse el procedimiento previsto por el ordenamiento legal, el acto que se produzca estará afectado de ilegalidad por vicios en el procedimiento." [39]

Procedimentalmente hablando podemos distinguir tres etapas que se presentan en materia de competencia económica:

1. Procedimiento de investigación: siendo la etapa en que la autoridad se allega de aquellas evidencias y elementos que le permitan determinar la existencia de una conducta anticompetitiva.

2. Procedimiento seguido en forma de juicio: que es un procedimiento administrativo con características similares al judicial, con el que se busca respetar las garantías de audiencia y debido proceso de los agentes económicos involucrados, y

3. La judicialización del proceso: que se presenta cuando, una vez emitida la resolución del procedimiento seguido en forma de juicio, se promueve en amparo indirecto contra aquella en los términos del artículo 28 CPEUM ante los juzgados especializados en materia económica.

Podemos diferenciar entre los procedimientos ordinarios y especiales contemplados en nuestra norma de competencia:

a) Procedimiento de investigación.
b) Seguido en forma de juicio.
c) Notificación de concentraciones.

Son procedimientos especiales:

a) Para determinar insumos esenciales y barreras a la competencia
b) Para resolver sobre condiciones de mercado

[39] Delgadillo Gutiérrez, Luis Humberto y Lucero Espinosa, Manuel. *Compendio de derecho administrativo.* Novena edición. Primera reimpresión. Porrúa. México, 2012. Pág. 225.

c) Para emitir de opiniones o resoluciones en el otorgamiento de licencias, concesiones, permisos y análogos
d) Para la dispensa y reducción del importe de las multas.
e) Para solicitudes para emitir opinión formal y orientaciones generales en materia de libre concurrencia y competencia económica.

7.1. Procedimiento de investigación.

El procedimiento de investigación por prácticas monopólicas o concentraciones ilícitas puede iniciarse de oficio, por solicitud del Ejecutivo, de la fiscalía general de la República o por la denuncia a petición de parte que demuestre interés jurídico como dispone la LFCE.

En este punto resulta oportuno remitirnos al concepto de interés legítimo que debe de ser acreditado por el denunciante en su caso, como nos ilustran Delgadillo y Lucero, partimos de diferenciar dicho interés del derecho subjetivo, así, el derecho subjetivo tan sólo tutelará a su titular, a quien la norma protege directamente, siendo el único que podrá hacer valer dicho derecho; mientras que, al referirnos a un interés legítimo, este implica que la protección que la norma hace de manera general y no directa, siendo protegido de manera objetiva, pudiendo así, ser ejercido de manera general por cualquier persona que pueda considerarse afectado por la conducta denunciada.

"Así, el interés legítimo adquiere relevancia ante el jurídico a pesar de no descansar en un derecho subjetivo conforme a su interpretación tradicional. Pero tampoco se trata de un mero interés en la legalidad (interés simple). Es en realidad una situación intermedia entre ambas situaciones." [40]

Conforme a la reforma constitucional del 29 de julio de 2010 al artículo 17 constitucional y el paquete de reformas a diversas disposiciones secundarias entre las que se incluye la LFCE, se prevé en la Frac. III del referido artículo la existencia de las denominadas *Acciones Colectivas*, la cual como señala Juventino Castro Castro citado por Mariscal Ureta, proporciona a los ciudadanos los medios de defensa adecuados en contra de los monopolios y las prácticas comerciales que les afecten.

Ramos Campos señala que la acción colectiva es "el derecho procesal de hacer valer el derecho de un grupo o bien de una colectividad, en donde los elementos esenciales de la acción serán la existencia de un representante, la protección de un derecho de grupo y el efecto de cosa juzgada". [41]

[40] García Ramírez, Efraín. *Derechos humanos y amparo penal. Una propuesta para democratizar la justicia penal mexicana*. Primera edición. Universidad Marista, Sicomaquia. México, 2010. Pág. 368.

[41] Mariscal Ureta, Karla Elizabeth. *Medio ambiente sano. Derecho colectivo y global.* Prólogo de Gonzalo Armienta Hernández. Primera edición. Porrúa, México, 2015. Pág. 117.

En este punto, y con el objeto de determinar el interés legítimo de la actora, es necesario delimitar la naturaleza del interés que ostenta, siendo de que esta consideración será determinante para el ejercicio de dicho derecho. En este sentido debemos diferenciar entre:

a) La existencia de un derecho o interés difuso o colectivo: que serán aquellos derechos que poseen una naturaleza indivisible y cuya titularidad corresponde a una colectividad de personas indeterminada o determinable, quienes se encuentran relacionadas por los hechos, y

b) La existencia de un derecho o interés de incidencia colectiva: el cual se presenta en aquellos derechos de los integrantes de una comunidad, que se ejercen colectivamente, pero tienen una naturaleza divisible.

Continuando en este orden de ideas, el numeral 581 del Código Federal de Procedimientos Civiles (en adelante CFPC) diferencia entre las acciones difusas, colectivas y la individual homogénea, en los siguientes términos:

> *ARTICULO 581 Código Federal de Procedimientos Civiles. Para los efectos de este Código, los derechos citados en el artículo anterior se ejercerán a través de las siguientes acciones colectivas, que se clasificarán en:*
>
> *I. Acción difusa: Es aquélla de naturaleza indivisible que se ejerce para tutelar los derechos e intereses difusos, cuyo titular es una colectividad indeterminada, que tiene por objeto reclamar judicialmente del demandado la reparación del daño causado a la colectividad, consistente en la restitución de las cosas al estado que guardaren antes de la afectación, o en su caso al cumplimiento sustituto de acuerdo a la afectación de los derechos o intereses de la colectividad, sin que necesariamente exista vínculo jurídico alguno entre dicha colectividad y el demandado.*
>
> *II. Acción colectiva en sentido estricto: Es aquélla de naturaleza indivisible que se ejerce para tutelar los derechos e intereses colectivos, cuyo titular es una colectividad determinada o determinable con base en circunstancias comunes, cuyo objeto es reclamar judicialmente del demandado, la reparación del daño causado consistente en la realización de una o más acciones o abstenerse de realizarlas, así como a cubrir los daños en forma individual a los miembros del grupo y que deriva de un vínculo jurídico común existente por mandato de ley entre la colectividad y el demandado.*
>
> *III. Acción individual homogénea: Es aquélla de naturaleza divisible, que se ejerce para tutelar derechos e intereses individuales de incidencia colectiva, cuyos titulares son los individuos agrupados con base en circunstancias comunes, cuyo objeto es reclamar judicialmente de un tercero el cumplimiento forzoso de un contrato o su rescisión con sus consecuencias y efectos según la legislación aplicable.*

En lo relativo a las reformas en materia de competencia económica, el paquete de reformas de las leyes secundarias a que hicimos referencia se recoge en el compendio Normativo de la Comisión Federal de Competencia Económica de 2016, en el que se señalan las normas relativas al proceso colectivo regulado en el libro V del CFPC, quedando facultadas para su ejercicio en los términos del Capítulo segundo numeral 585 y demás relativos del del citado ordenamiento:

Art. 585 CFPC. Tienen legitimación activa para ejercitar las acciones colectivas:

I. La Procuraduría Federal de Protección al Consumidor, la Procuraduría Federal de Protección al Ambiente, la Comisión Nacional para la Protección y Defensa de los Usuarios de Servicios Financieros y la Comisión Federal de Competencia;

II. El representante común de la colectividad conformada por al menos treinta miembros;

III. Las asociaciones civiles sin fines de lucro legalmente constituidas al menos un año previo al momento de presentar la acción, cuyo objeto social incluya la promoción o defensa de los derechos e intereses de la materia de que se trate y que cumplan con los requisitos establecidos en este Código, y

IV. El Fiscal General de la República.

Como ejemplo de una de las resoluciones emanadas de un procedimiento colectivo seguido ante la COFECE, citamos el cumplimiento de la resolución dictada en el procedimiento sobre la acción colectiva 1/2019 promovida ante el Juzgado Segundo de Distrito en Materia Administrativa, especializado en materia de competencia económica, radiodifusión y telecomunicaciones de la Ciudad de México publicada por la COFECE.

Se da cumplimiento a la solicitud realizada para realizar la publicación en la página de internet de la COFECE a fin de comunicar el trámite de una acción colectiva por la comisión de prácticas monopólicas absolutas, relativo al juicio de acción colectiva 1/2019 promovido por Acciones Colectivas de Sinaloa, S.A. de C.V., del índice del Juzgado Segundo de Distrito en materia Administrativa, Especializado en competencia Económica, Radiodifusión y Telecomunicaciones con residencia en la Ciudad de México y jurisdicción en toda la República, mediante el cual con fundamento en los artículos 591, párrafo tercero y 598 del Código Federal de Procedimientos Civiles.

Publicada: 13 de marzo, 2020

"Se hace del conocimiento de la colectividad del Estado de Jalisco, en específico, de las personas físicas o morales que hayan celebrado un contrato de seguro de gastos médicos mayores o de salud con Aba Seguros, sociedad anónima de capital variable, AON Life, Agente de Seguros, sociedad anónima de capital, Seguros Atlas, sociedad anónima, Axa Seguros, sociedad anónima de capital variable, Seguros Banorte Generali, sociedad anónima de capital variable, Grupo Financiero Banorte, General de Salud, compañía de seguros, sociedad anónima, Grupo Nacional Provincial, sociedad anónima bursátil de capital variable, Seguros Inbursa, Grupo Financiero

Inbursa, Interacciones, sociedad anónima de capital variable, Grupo Financiero Interacciones, Mapfre Tepeyac, sociedad anónima, MetLife México, sociedad anónima, Metropolitana Compañía de Seguros, sociedad anónima, Seguros Monterrey New York Life, sociedad anónima de capital variable, Zúrich Compañía de Seguros, sociedad anónima, así como de las compañías de seguros de mérito, que se ha admitido a trámite una demanda de acción colectiva en sentido estricto, presentada por Acciones Colectivas de Sinaloa, asociación civil, radicada bajo el número de expediente 1/2019 del índice del Juzgado Segundo de Distrito en materia Administrativa, Especializado en Competencia Económica, Radiodifusión y Telecomunicaciones con residencia en la Ciudad de México y jurisdicción en toda la República.

El juicio de acción colectiva en cuestión, tiene como origen la comisión de prácticas monopólicas absolutas por parte de los hospitales Grupo Santa Bernardette [1], Operadora de Hospitales Ángeles [2], Lomas Providencia Unidad Médica [3], Hospital Terranova [4], Sanatorio Versalles de Guadalajara [5] y Hospital de Especialidades Puerta de Hierro [6], todos sociedades anónimas de capital variable y que fueron declaradas mediante resolución de veintinueve de agosto de dos mil trece por la otrora Comisión Federal de Competencia, hoy Comisión Federal de Competencia Económica, estimando que los afectados por tales prácticas monopólicas eran las compañías aseguradoras y sus clientes en Guadalajara, Jalisco y zona conurbada, que contrataron seguros de gastos médicos mayores o de salud.

Al respecto, de conformidad con lo establecido en el artículo 594 del Código Federal de Procedimientos Civiles, la colectividad afectada podrá adherirse a dicha acción colectiva, para lo cual se informa que el medio de contacto para cualquier asunto relacionado con el presente asunto podrá hacerse llegar a la parte actora Acciones Colectivas de Sinaloa, asociación civil, a través del correo electrónico: info@acsinaloa.com."

Son requisitos para para presentar la denuncia:

1. Datos del denunciante.
2. Datos que sustenten la causa objetiva.
3. Información del mercado.

Una vez recibida la denuncia la autoridad tendrá un período de quince días para decretar un acuerdo en el cual se decida:

a) Ordenar el inicio de la investigación.

b) Desechar la denuncia por considerarla por notoriamente improcedente.

c) Prevenir al denunciante en caso de que no se cumplan los requisitos establecidos por la LFCE.

Para iniciar la investigación se requiere que se presente la existencia de una causa objetiva de la que se derive la presunción de una práctica ilícita, el período de investigación inicia a partir del acuerdo de inicio y no podrá ser inferior a 30 días ni exceder los 120 días.

Durante el procedimiento de investigación la autoridad tendrá cómo facultades:

1. Requerimientos de toda la información que a juicio de la autoridad resulte necesaria para poder determinar las condiciones del mercado, la existencia de un agente preponderante, y la existencia de prácticas anticompetitivas.

2. La Autoridad Investigadora podrá ordenar la comparecencia de los representantes de los agentes económicos involucrados o de cualquier persona que haya participado en la realización de la práctica.

3. La autoridad podrá realizar todas aquellas visitas de verificación que considere oportunas y necesarias para realizar la investigación de los hechos.

La autoridad deberá dictar el acuerdo de conclusión de la investigación al día siguiente de que termine el período correspondiente, o antes si lo considera pertinente.

La conclusión de la investigación puede tener cómo conclusiones en los términos del art. 78 LFCE:

1. Solicite el inicio del procedimiento en forma de juicio.

2. Que se cierre el expediente por considerar que no existen elementos suficientes para iniciar el procedimiento.

El Pleno resolverá en un plazo de treinta días contados a partir de que la autoridad investigadora presentó su dictamen. El agente económico involucrado podrá acogerse a los beneficios que establece la ley para la reducción o dispensa de la multa y el beneficio de no ejercer la acción penal.

7.2. Procedimiento seguido en forma de juicio.

Se inicia con la notificación del emplazamiento derivada del dictamen de probable responsabilidad emitido por la autoridad.

Etapas del procedimiento:

1. El emplazado tendrá acceso al expediente, y un plazo de 45 días improrrogables para ofrecer pruebas y alegar lo que a su derecho convenga.

2. La autoridad tendrá un término de 15 días para que se pronuncie sobre los argumentos y las pruebas presentadas.

3. Transcurridos 15 días desde la vista, se acordará el desechamiento o admisión de pruebas, fijándose lugar y fecha para su desahogo.

4. Una vez desahogadas las pruebas y dentro de los 10 días siguientes, la autoridad podrá ordenar el desahogo de pruebas para mejor proveer o citar para los alegatos, quedando integrado el expediente.

5. Una vez integrado se turnará por acuerdo del presidente al Comisionado ponente, quien presentará su proyecto de resolución al pleno.

6. La Comisión dictará su resolución en un plazo que no exceda de 40 días en los términos del artículo 83 LFCE.

Durante el procedimiento seguido ante la autoridad no se aceptarán los recursos intraprocesales, siendo que las multas o medidas de apremio se ejecutarán hasta que quede en firme la resolución.

Con la promulgación de la nueva LFCE en el 2013 se innovaron los procedimientos especiales para:

a) Determinar la barrera de entrada e insumos esenciales, y

b) Para la resolución sobre las condiciones de mercado.

Este apartado fue incorporado a la ley cómo resultado de las últimas reformas a la LFCE, en la práctica el acceso abierto a los insumos esenciales genera serias controversias en cuanto:

1. La problemática que se presenta al inhibir los incentivos para asumir riesgos en el desarrollo de procedimientos innovadores, al permitir el libre acceso a estos desarrollos.

2. Determinar el impacto final sobre el bienestar del consumidor y no ser solamente una redistribución de los beneficios entre el tenedor del insumo y sus competidores.

3. Diseñar la regulación de los términos y condiciones para un acceso abierto.

4. Tener consideraciones adecuadas en materia de propiedad intelectual, considerando la naturaleza de estos activos.

7.3. Procedimiento de notificación de concentraciones.

La notificación de concentración deberá de ser presentada por los agentes económicos involucrados, así como por los fedatarios públicos y los demás coadyuvantes que en ella participen, nombrándose un representante común por parte de los agentes para la realización de actuaciones, mismo que en el supuesto de no ser nombrado por las partes será designado de oficio por la autoridad.

Como apuntamos en su oportunidad, no todas las concentraciones deben de ser previamente notificadas a la autoridad, sin embargo, deberán de ser notificadas para su autorización aquellas concentraciones que su realización implique un monto superior a dieciocho millones de Unidades de Medida y Actualización (UMA), así como aquellas que involucren en su realización el equivalente por lo menos al treinta y cinco por ciento de los activos de un agente económico cuyas operaciones anuales o sus activos tengan un valor superior al equivalente de dieciocho millones de UMA; y por último, en el supuesto de que la concentración implique un acumulado de activos que supere ocho millones cuatrocientas mil UMA y en la que sean participantes al menos dos agentes que en sus operaciones anuales de venta o en activos superen los cuarenta y ocho millones de UMA.

La notificación se realizará por medio de un escrito en el que se deberá adjuntar un proyecto del acto jurídico en el que se indique el acto jurídico que se celebre, las cláusulas de competencia y las razones para su establecimiento, así como acompañarse de los documentos que acrediten plenamente el objeto de esta, la personalidad de los agentes económicos, y los estados financieros del ejercicio anual previo a la operación. De igual manera se tendrá que indicar si los agentes que la celebren tienen algún tipo de participación en el capital o administración de otros agentes que tengan relaciones de venta o prestación de servicios relacionados con los agentes sujetos de la concentración.

Para el supuesto de que la notificación presentada ante la autoridad incumpla con los requisitos exigidos por la ley para su realización, la COFECE se encuentra facultada para realizar la prevención a los agentes a efectos de que presenten la información requerida, en los mismos términos, la autoridad se encontrará igualmente facultada para exigir a los involucrados la información adicional que considere necesaria para su análisis, quedando en ambos casos en el entendido de que de no presentarse la información solicitada, la autoridad tendrá por no presentada la solicitud.

Si del análisis realizado por la COFECE se desprende la existencia de posibles riesgos para la libre concurrencia y competencia, con anterioridad a la resolución definitiva, la autoridad notificará a las partes a efecto de que aquellos desvirtúen a su satisfacción dichos hechos y acrediten las ganancias a la eficiencia que se puedan generar con la concentración.
La resolución que asuma la autoridad dispondrá:

a) Su autorización: cuando de la solicitud presentada se desprenda que la concentración no generará impedimentos para la concurrencia del mercado.

b) Su autorización sujeta a condiciones: la COFECE podrá ya bien sea a propuesta de los propios agentes involucrados o por determinación propia condicionar la concentración a que:

1. La realización o abstención de una conducta determinada.

2. A la venta de activos o participaciones accionarias a terceras personas, y

3. Modificar o excluir condiciones de la concentración.

Podemos también apuntar la existencia de un procedimiento de solicitud de concentración que, como señala Leal Buenfil, resulta más expedito, el cual se presenta cuando los agentes involucrados demuestren ante la autoridad que la concentración notoriamente no podrá afectar la concurrencia en el mercado, acreditándolo en el escrito de solicitud que el agente adquirente no participa en otros mercados conexos, ni resulte competidor directo o indirecto del adquirido, que la participación del agente adquirente en el mercado relevante no modifique a dicho mercado e implique la sustitución total o parcial del adquirido, o que el adquirente no posea, con anterioridad y posterioridad, un control de la administración o dirección del adquirido o, por su parte, que el adquirente posea previamente el control del agente adquirido y solamente incremente su participación.

c) La negativa a la concentración.

La resolución sobre la solicitud de la concentración tendrá una vigencia de seis meses posteriores a la misma, por lo que, en el supuesto de que no se realice en ese plazo deberá reiniciarse el trámite ante los posibles cambios en las condiciones del mercado.

Por su parte, en lo referente a los procedimientos especiales referidos en nuestra legislación podemos señalar los que a continuación referimos.

7.4. Procedimiento para la determinación de insumos esenciales y barreras de competencia.

Dicho procedimiento se inicia con el acuerdo emitido por la Autoridad Investigadora, cuyo resultado deberá ser publicado en el Diario Oficial de la Federación (en adelante DOF) conteniendo una acotación del mercado relevante para que cualquier agente económico que tanga un interés jurídico, pueda presentar pruebas ante la autoridad dentro de un plazo de cuarenta y cinco días posteriores a la resolución de la autoridad.

La COFECE determinará las fechas para el desahogo de pruebas y fijará un plazo para la presentación de los alegatos por escrito, pudiendo la partes dentro de esta etapa proponer a la autoridad las medidas que consideren idóneas para limitar la problemática de competencia, la autoridad resolverá sobre las propuestas integrándolas al expediente, el Pleno emitirá la resolución final, en el entendido de que no se podrán imponer sanciones si el agente económico acredita que la existencia de barreras resulta favorable para la eficiencia del mercado.

La resolución de la COFECE deberá contener, en su caso, la instrucción de desincorporación de activos para el supuesto de que los agentes económicos incurran en reincidencia, así como de resultar procedente, la emisión de recomendaciones para las autoridades cuando existen disposiciones que indebidamente impidan o distorsionen la libre competencia y concurrencia en los mercados.

Artículo 60 LFCE. Para determinar la existencia de insumo esencial, la Comisión deberá considerar:

I. Si el insumo es controlado por uno, o varios agentes económicos con poder sustancial o que hayan sido determinados como preponderantes por el Instituto Federal de Telecomunicaciones;

II. Si no es viable la reproducción del insumo desde un punto de vista técnico, legal o económico por otro agente económico;

III. Si el insumo resulta indispensable para la provisión de bienes o servicios en uno o más mercados, y no tiene sustitutos cercanos;

IV. Las circunstancias bajo las cuales el agente económico llego a controlar el insumo, y

V. Los demás criterios que, en su caso, se establezcan en las disposiciones regulatorias.

7.5. Procedimiento para resolver sobre condiciones de mercado.

Este procedimiento se establece para determinar las condiciones del mercado y la existencia de un poder substancial por parte de algún agente, así como la emisión de opiniones o resoluciones para la emisión de licencias que involucren agentes del sector público y, en su caso, sobre la dispensa o reducción de multas para aquellos agentes que participen en el programa de inmunidad.

a) Procedimiento para emitir de opiniones o resoluciones en el otorgamiento de licencias, concesiones, permisos y análogos.

b) Procedimiento para la dispensa y reducción del importe de las multas.

c) Procedimiento para solicitudes para emitir opinión formal y orientaciones generales en materia de libre concurrencia y competencia económica.

La COFECE se encuentra facultada en los términos de su ley para realizar estudios y emitir opiniones sobre temas específicos de le sean solicitadas, dichas opiniones no tendrán un carácter vinculante, sin embargo, en ellas se contienen una serie de sugerencias técnicas y la identificación de sectores sensibles a las problemáticas de la competencia, resultando de sumo interés para la adopción de medidas que generen eficacia en los distintos nichos de mercado.

En este apartado debemos distinguir entre los análisis del mercado y los estudios de mercado, como nos ilustra el ex comisionado de la COFECO José Eduardo Mendoza Contreras, el análisis de mercado que se realiza a efectos de valorar una concentración considerando a la empresa como un centro de decisión autónomo, en tanto que al referirnos a un estudio de mercado el análisis implica una mayor profundidad que permite a la autoridad conocer en particular las condiciones de un determinado mercado y establecer con base en ello políticas tendientes a la creación de un marco normativo neutro que facilite la competencia, en los términos de los numerales 12 frac. XXIII y el 18 de la LFCE.

Nuestro país es de los pocos sistemas (junto con Inglaterra e Islandia) que contemplan la existencia de estos estudios de mercado, si bien sus determinaciones no son vinculantes. En nuestro país el Ejecutivo Federal por medio de la Secretaria de Economía tiene atribuciones para realizar esta clase de estudios, pudiendo en su caso, presentar la información obtenida ante la COFECE y el IFT adicionalmente a como apuntamos emplear dicha información para el diseño de políticas públicas que faciliten una adecuada competencia.

Las reformas constitucionales del 2011, además de otorgar la autonomía al órgano regulador, diferencian plenamente la actividad investigadora de la actividad decisoria de la autoridad, siendo que el Pleno no conocerá de la investigación hasta que se presenten los resultados finales de esta.

7.6. Programa de inmunidad.

La existencia de Cárteles y la demostración de la realización de prácticas monopólicas absolutas resulta sumamente complicado en la práctica, en virtud de ello, la LFCE regula un procedimiento especial por el cual, cualquiera de los participantes en la realización de las conductas ilícitas, puede otorgar a la autoridad la información oportuna que le permita conocer de tales conductas y de los participantes en las mismas.

Son características de los carteles:

1. Es necesaria la cooperación de los participantes.

2. Se basan en relaciones de largo plazo en las que se presentan expectativas de ganancias futuras y requieren de monitoreo.

3. Todos los integrantes tienen informaciones incriminatorias de los otros participantes que los incriminan

Los procedimientos de inmunidad consisten en la reducción total o parcial de las sanciones aplicables a los participantes en los Cárteles, a cambio de informar sobre su participación y proporcionar información útil y la documentación que permitan a la autoridad efectuar su investigación. Son elementos sine qua non para el éxito de estos programas:

1. Asegurarse que las sanciones más altas posibles sean aplicadas a los otros participantes del Cártel que no colaboren.

2. Asegurarse que los colaboradores no tengan consecuencias negativas por su participación.

3. Otorgar certidumbre sobre el empleo de la información otorgada, para el caso de que se decida no entregarle la inmunidad o no iniciarse el procedimiento de investigación.

4. Determinar las condiciones para el solicitante de la inmunidad.

5. Establecer claramente los beneficios que se otorgarán a las personas físicas o jurídicas participantes, y determinar las condiciones y beneficios que les corresponderán a los solicitantes posteriores:

a) Cualquier persona física o moral que haya participado o haya participado en los hechos.

b) Quien haya o esté participando en los hechos por representación o por cuenta y orden de personas morales.

c) Cualquier persona física o moral que haya o estén coadyuvando, propiciado, induciendo o participando en la comisión de una práctica monopólica absoluta.

La solicitud deberá de ser presentada desde antes de la investigación, una vez iniciada la misma hasta cualquier momento antes del acuerdo de conclusión de la investigación. Las solicitudes al programa de inmunidad podrán ser orales o escritas, la información debe presentarse desde el momento en que se presenta.

La autoridad cuenta con un sistema de marcadores en el cual se asienta cronológicamente con una clave alfanumérica la oportunidad de la solicitud, en atención a este orden y a la oportunidad de la información otorgada, serán los montos de los beneficios otorgados.

Las personas físicas o morales tendrán los siguientes beneficios:

1. Eximirlo de responsabilidad penal.

2. Obtener la máxima reducción posible en las multas y sanciones aplicables a la infracción en que se hubiera incurrido.

Cap. VIII. Medidas de apremio, sanciones y delitos en materia de competencia.

Debemos destacar el que una de las facultades del Estado en materia económica se traduce en la regulación de aquellas conductas consideradas como ilícitas y la aplicación de sanciones para estas, tanto en el plano de la justicia administrativa como en el derecho penal, considerándose así una serie de sanciones para aquellas conductas de los particulares que pueden generar un daño a la competencia y al propio Estado.

Como nos apunta el maestro Pérez Miranda, en nuestro país el marco normativo de represión al monopolio se encuentra integrado por:

a) La prohibición constitucional de la existencia de estancos y prácticas monopólicas.

b) Sanciones administrativas establecidas en la LFCE.

c) Sanciones penales para quienes afecten la libre concurrencia realizando las conductas tipificadas en el CP.

De entre las medidas de apremio y sanciones previstas por la ley podemos señalar las siguientes:

8.1. Medidas de apremio, contenidas en el artículo 126 LFCE.

Al referirnos a las medidas de apremio tratamos de aquellos instrumentos coactivos con los que cuenta la autoridad para decretar, en contra de las partes o de terceros involucrados en un procedimiento, la imposición de cargas procesales que tendrán por objeto el lograr la cumplimentación de las resoluciones judiciales.

Según el criterio de la Suprema Corte de Justicia de la Nación[42], las medidas de apremio se entienden como los instrumentos jurídicos con los que cuenta la autoridad jurisdiccional o administrativa para hacer cumplir sus determinaciones de carácter procedimental o ejercer sus facultades; usualmente pueden consistir en el auxilio de la fuerza pública, y multas entre otras varias.

Artículo 126 LFCE. La Comisión, para el desempeño de las funciones que le atribuye esta Ley, podrá aplicar indistintamente las siguientes medidas de apremio:

[42] Ejecutoria de la Segunda Sala de la Suprema Corte de Justicia de la Nación correspondiente su Décima Época, publicada en el Seminario Judicial de la Federación. 39372, del 7 de agosto de 2020

I. Apercibimiento;

II. Multa hasta por el importe del equivalente a tres mil veces el salario mínimo general diario vigente para el Distrito Federal, cantidad que podrá aplicarse por cada día que transcurra sin cumplimentarse con lo ordenado;

III. El auxilio de la fuerza pública o de otras Autoridades Públicas, y

IV. Arresto hasta por 36 horas.

En lo referente a las medidas de apremio contempladas por la norma, igualmente nos parece oportuno referirnos a la resolución adoptada por nuestro tribunal supremo en el AMPARO EN REVISIÓN 1071/2017 QUEJOSA Y RECURRENTE: AMÉRICA MÓVIL, SOCIEDAD ANÓNIMA BURSÁTIL DE CAPITAL VARIABLE MINISTRO PONENTE: ARTURO ZALDÍVAR LELO DE LARREA.

...

En relación con la regularidad constitucional del artículo 34, fracción II de la LFCE razonó lo siguiente: permite que se imponga una pena por razón del actor y no del acto, ya que la misma debe ser individualizada tomando en consideración la capacidad económica del agente, si existe reincidencia y la relevancia de la información requerida.

En relación con la regularidad constitucional del artículo 34, fracción II de la LFCE razonó lo siguiente:

1) Consideró que se trataba de un precepto respetuoso de la garantía de seguridad jurídica, pues, en términos de lo que ha establecido esta Suprema Corte de Justicia al respecto, establece un tope máximo que la autoridad no puede exceder, además de tener implícito uno mínimo. En esa medida, se impide un tratamiento desproporcionado por parte de la autoridad, toda vez que cuenta con un parámetro para la individualización de la multa que impide la actuación desproporcionada de la autoridad.

2) Con independencia de que la porción normativa no imponga los elementos que debe considerar la autoridad para calcular el monto total de la medida, lo cierto es que cuenta con un margen que le permite ponderar las circunstancias en que se suscitó la conducta antijurídica, las cuales deben ser las que justifiquen su decisión. Adicionalmente, el hecho de que la norma omita especificar los elementos que debe ponderar la autoridad al momento de individualizar la medida de apremio, no la tornan ilegal, puesto que el Alto Tribunal ya ha determinado que para ello se deben considerar:

(i) la afectación generada por la conducta contumaz al 19 9 bien jurídico tutelado;

(ii) la reincidencia de la o el infractor; y

(iii) cualquier elemento del que se advierta la gravedad o levedad de los hechos desplegados u omitidos.

3) Es posible admitir que la persona acreedora de la multa no queda en estado de incertidumbre jurídica, puesto que en el requerimiento dictado por la autoridad se hace de su conocimiento la conducta que debe desplegar para quedar exenta de la imposición de la medida. Dicha circunstancia le otorga a su vez la seguridad de que, en caso contrario, será sancionada por su desacato con la imposición de una multa que oscila entre un mínimo y un máximo por cada día que transcurra sin que se dé cumplimiento a lo ordenado por la autoridad

...

5) Es infundado lo que alega la peticionaria de amparo en cuanto a que el precepto combatido transgrede lo previsto en el artículo 21 de la Norma Fundamental, toda vez que confunde la multa que puede ser impuesta por la autoridad investigadora como medida de apremio, con aquéllas que fungen como sanciones a consecuencia de la infracción a alguna disposición de observancia general. En efecto, los medios de apremio tienen como objetivo conseguir el cumplimiento de una determinación emitida por una autoridad, obligando a la persona requerida a que acate un mandamiento específico. Dichas medidas tienen como finalidad vencer la actitud contumaz o evidenciar la resistencia en que ha incurrido la persona obligada. En cambio, las multas, arresto hasta por 36 horas y el trabajo a favor de la comunidad, a los que se refiere el artículo 21 constitucional, son penas que buscan castigar a quien ha violado una disposición legal.

6) El artículo combatido no resulta violatorio de lo previsto en el artículo 22 de la Constitución, puesto que:

a) La medida de apremio no tiene la naturaleza de una sanción.

b) Es desacertado entender la medida como excesiva o inusitada, puesto que oscila entre un mínimo y un máximo, cuyo monto final deberá estar justificado en la afectación que provocó la conducta de la o el infractor.

c) Según dispuso la Segunda Sala del Alto Tribunal, la medida de apremio respectiva no puede considerarse una confiscación, a pesar de que se imponga por cada día que transcurra sin que se dé cumplimiento, puesto que sólo se trata de un apercibimiento que será impuesto si la o el gobernado desatiende lo ordenado por la autoridad.

d) El límite de individualización de la medida depende en exclusiva de la conducta que despliegue ante el requerimiento la persona obligada. En esa medida, los días que transcurran no se encuentran sujetos a la voluntad de la autoridad.

7) Los planteamientos relativos al derecho de acto y de autor deben desestimarse, primero, reiterando que la medida de apremio no tiene la naturaleza de una sanción; y, segundo, porque ha quedado establecido que la norma impugnada es acorde con el principio de legalidad.

8) Resulta inoperante el argumento relativo a que el artículo cuestionado prevé una pena trascendental, puesto que la quejosa hace depender su motivo de inconformidad de una cuestión particular, que no puede tomarse como base para analizar la regularidad constitucional de la norma.[43]

8.2. Imposición de sanciones.

En al anterior LFCE de 1992 las sanciones previstas para la infracción de las disposiciones normativas eran relativamente pequeñas, generando que los agentes económicos reiteraran sus conductas sin que se lograse su objetivo, lo que en opinión de González de Cossío se solucionó con la imposición de sanciones y multas de una mucho mayor envergadura en la actual disposición, con lo que se logra el objetivo de la ley de disuadir a los agentes económicos de la comisión de estas conductas.

Artículo 127 LFCE. La Comisión podrá aplicar las siguientes sanciones:

I. Ordenar la corrección o supresión de la práctica monopólica o concentración ilícita de que se trate;

II. Ordenar la desconcentración parcial o total de una concentración ilícita en términos de esta Ley, la terminación del control o la supresión de los actos, según corresponda, sin perjuicio de la multa que en su caso proceda;

III. Multa hasta por el equivalente a ciento setenta y cinco mil veces el salario mínimo general diario vigente para el Distrito Federal, por haber declarado falsamente o entregado información falsa a la Comisión, con independencia de la responsabilidad penal en que se incurra;

IV. Multa hasta por el equivalente al diez por ciento de los ingresos del Agente Económico, por haber incurrido en una práctica monopólica absoluta, con independencia de la responsabilidad civil y penal en que se incurra;

V. Multa hasta por el equivalente al ocho por ciento de los ingresos del Agente Económico, por haber incurrido en una práctica monopólica relativa, con independencia de la responsabilidad civil en que se incurra;

VI. Ordenar medidas para regular el acceso a los Insumos Esenciales bajo control de uno o varios Agentes Económicos, por haber incurrido en la práctica monopólica relativa prevista en el artículo 56, fracción XII de esta Ley;

[43] https://www.scjn.gob.mx › Cuaderno de amparo /2015, fojas 359 a 363. 20 Cuaderno de amparo /2015, fojas 500 a 540. AMPARO EN REVISIÓN 1071/2016.

VII. Multa hasta por el equivalente al ocho por ciento de los ingresos del Agente Económico, por haber incurrido en una concentración ilícita en términos de esta Ley, con independencia de la responsabilidad civil en que se incurra;

VIII. Multa de cinco mil salarios mínimos y hasta por el equivalente al cinco por ciento de los ingresos del Agente Económico, por no haber notificado la concentración cuando legalmente debió hacerse;

IX. Multa hasta por el equivalente al diez por ciento de los ingresos del Agente Económico, por haber incumplido con las condiciones fijadas en la resolución de una concentración, sin perjuicio de ordenar la desconcentración;

X. Inhabilitación para ejercer como consejero, administrador, director, gerente, directivo, ejecutivo, agente, representante o apoderado en una persona moral hasta por un plazo de cinco años y multas hasta por el equivalente a doscientas mil veces el salario mínimo general diario vigente para el Distrito Federal, a quienes participen directa o indirectamente en prácticas monopólicas o concentraciones ilícitas, en representación o por cuenta y orden de personas morales;

XI. Multas hasta por el equivalente a ciento ochenta mil veces el salario mínimo general diario vigente para el Distrito Federal, a quienes hayan coadyuvado, propiciado o inducido en la comisión de prácticas monopólicas, concentraciones ilícitas o demás restricciones al funcionamiento eficiente de los mercados en términos de esta Ley;

XII. Multa hasta por el equivalente al ocho por ciento de los ingresos del Agente Económico, por haber incumplido la resolución emitida en términos del artículo 101 de esta Ley o en las fracciones I y II de este artículo. Lo anterior con independencia de la responsabilidad penal en que se incurra, para lo cual la Comisión deberá denunciar tal circunstancia al Ministerio Público;

XIII. Multas hasta por el equivalente a ciento ochenta mil veces el salario mínimo general diario vigente para el Distrito Federal, a los fedatarios públicos que intervengan en los actos relativos a una concentración cuando no hubiera sido autorizada por la Comisión;

XIV. Multa hasta por el equivalente al diez por ciento de los ingresos del Agente Económico que controle un insumo esencial, por incumplir la regulación establecida con respecto al mismo y a quien no obedezca la orden de eliminar una barrera a la competencia, y

XV. Multa hasta por el equivalente al diez por ciento de los ingresos del Agente Económico, por incumplir la orden cautelar a la que se refiere esta Ley.

Los ingresos a los que se refieren las fracciones anteriores serán los acumulables para el Agente Económico involucrado en la conducta ilícita, excluyendo los obtenidos de una fuente de riqueza ubicada en el extranjero, así como los gravables si éstos se encuentran sujetos a un régimen fiscal preferente, para los efectos del Impuesto Sobre la Renta del último ejercicio fiscal en que se haya incurrido en la infracción respectiva. De no estar disponible, se utilizará la base de cálculo correspondiente al ejercicio fiscal anterior.

La Comisión podrá solicitar a los Agentes Económicos o a la autoridad competente la información fiscal necesaria para determinar el monto de las multas a que se refiere el párrafo anterior, pudiendo utilizar para el supuesto de que el requerido sea el Agente Económico, los medios de apremio que esta Ley establece.

En caso de reincidencia, se podrá imponer una multa hasta por el doble de la que se hubiera determinado por la Comisión. Se considerará reincidente al que:

a) Habiendo incurrido en una infracción que haya sido sancionada, realice otra conducta prohibida por esta Ley, independientemente de su mismo tipo o naturaleza;

b) Al inicio del segundo o ulterior procedimiento exista resolución previa que haya causado estado, y

c) Que entre el inicio del procedimiento y la resolución que haya causado estado no hayan transcurrido más de diez años.

En el caso de violaciones a esta Ley por servidores públicos, la Comisión deberá enviar oficio debidamente fundado y motivado a la autoridad competente para que, de ser procedente, se inicie el procedimiento de responsabilidad administrativa a que hubiere lugar, sin perjuicio de la responsabilidad penal en que incurra el servidor público.

El Ejecutivo Federal ejecutará las multas previstas por este artículo, así como las previstas en el artículo 126 de esta Ley.

En ningún caso la Comisión administrará ni dispondrá de los fondos a que se refiere este artículo.

Es de destacarse el elevado importe de las multas y sanciones que se contienen en el artículo transcrito, práctica que se ha hecho común en otros dispositivos legales como en el caso del derecho de daños, siendo que en opinión de Ricardo Muñoz y Rodolfo Vázquez Cabello, en los últimos años la SCJN ha incorporado a nuestro sistema figuras adoptadas de otros sistemas jurídicos (como es el caso de la figura del daño punitivo y de la desestimación de la personalidad jurídica) importados del common law, así entendemos que la sanción aplicable al daño punitivo no responde a una naturaleza compensatoria sino que " Su función principal es castigar al autor del daño de una conducta negligente grave, indignante, y disuadirlo a él y a los demás de conductas similares en el futuro, tomando en cuenta la situación patrimonial del demandado. Por otro lado, la SCJN ha concebido a los daños punitivos como parte de los daños morales." .[44]

Nuestra norma prevé como elementos para valorar la gravedad de la infracción en la imposición de multas en los términos del artículo 130 de la LFCE, los siguientes:

- Daño causado.
- Intencionalidad.
- Participación en el mercado.
- Tamaño del mercado.
- Duración de la práctica o concentración.
- Capacidad económica.
- Afectación al ejercicio de las atribuciones de la Comisión.

> *Artículo 130 LFCE. En la imposición de multas se deberán considerar los elementos para determinar la gravedad de la infracción, tales como el daño causado; los indicios de intencionalidad; la participación del infractor en los mercados; el tamaño del mercado afectado; la duración de la práctica o concentración; así como su capacidad económica; y en su caso, la afectación al ejercicio de las atribuciones de la Comisión.*

Para el caso de las concentraciones de agentes económicos, la LFCE prevé la Sanción de desincorporación contemplada en el numeral 131 LFCE:

> *Artículo 131 LFCE. Cuando la infracción sea cometida por quien haya sido sancionado previamente por la realización de prácticas monopólicas o concentraciones ilícitas, la Comisión considerará los elementos a que hace referencia el artículo 130 de esta Ley y en lugar de la sanción que corresponda, podrá resolver la desincorporación o enajenación de activos, derechos, partes sociales o acciones de los Agentes Económicos, en las porciones necesarias para eliminar efectos anticompetitivos.*

[44] Muñoz, Edgardo, Bórquez Castillo, Julián Canán y Delgado Páez, Lluvia Guadalupe. (Coordinadores). *Desarrollos recientes en el Derecho de Daños*. Primera edición. Castillo y Asociados y Tirant lo blanc. México, 2023. Pág. 103.

Para los efectos del párrafo anterior, en su resolución, la Comisión deberá incluir un análisis económico que justifique la imposición de dicha medida, señalando los beneficios al consumidor. Para efectos de lo dispuesto en este artículo, se entenderá que el infractor ha sido sancionado previamente cuando:

I. Las resoluciones que impongan sanciones hayan causado estado, y

II. Al inicio del segundo o ulterior procedimiento exista resolución previa que haya causado estado, y que entre el inicio del procedimiento y la resolución que haya causado estado no hayan transcurrido más de diez años.

Para efectos de este artículo, las sanciones impuestas por una pluralidad de prácticas monopólicas o concentraciones ilícitas en un mismo procedimiento se entenderán como una sola sanción.

No se considerará como sanción, para efectos de este artículo, las resoluciones emitidas por la Comisión, conforme a lo dispuesto por el artículo 101 de esta Ley.

La LFCE prevé, además de las sanciones, lo que en teoría jurídica se llama en un sentido muy amplio compensación. Por compensación se entiende aquello que es necesario para restaurar a la parte dañada a su posición original. Así, para efectos de la competencia es importante el castigo para el violador de la ley, pero quizá sea más importante corregir las faltas y asegurar el bien jurídicamente tutelado, la eficiencia económica. Así la comisión tiene la facultad general de ordenar el cese del acto ilegal; la suspensión, corrección o supresión de la práctica o concentración contraria a la ley" (García Castillo. 2003. P. 165).

Las determinaciones de la autoridad al imponer sanciones a los agentes económicos involucrados en prácticas sancionadas por la ley, han generado la interposición de múltiples amparos por parte de los agentes económicos alegando la inconstitucionalidad de los preceptos de la norma; en este sentido, me parecen destacables las siguientes resoluciones emitidas por nuestro máximo tribunal, en relación con la resolución adoptada sobre la proporcionalidad de las penas previstas por el ordenamiento de competencia en el Acuerdo de la Segunda Sala de la Suprema Corte de Justicia de la Nación, en relación con el AMPARO EN REVISIÓN 235/2017, PONENTE: MINISTRA MARGARITA BEATRIZ LUNA RAMOS en la que se determina que:

...

"Por otro lado, el artículo 35 que se impugna no resulta contrario al principio de proporcionalidad de las penas en su amplia acepción, en virtud de que al no relacionarse los ingresos a que hace alusión con la posibilidad de la autoridad para individualizar la sanción, sino exclusivamente con el margen monetario sobre el cuál fluctuará la multa, para cumplir con ese principio, el legislador no tenía por qué tomar en cuenta la utilidad fiscal y, por ende, cualquier concepto que podía ser deducible conforme a la Ley del Impuesto sobre la Renta, o bien, gastos o costos que podían reducir el patrimonio de los agentes económicos. Aunado a que las cantidades sobre las que oscilan los montos de las multas no tienen que obedecer a las condiciones personales de los sujetos, como es su capacidad económica, siendo esto más bien tema de la individualización de la sanción; máxime que la abrogada Ley Federal de Competencia Económica, en su artículo 36,

prescribía los elementos que la autoridad sancionadora debía tomar en cuenta para la individualización de la sanción."[45]

8.3. Medidas cautelares que puede dictar la autoridad investigadora conforme al artículo. 135 LFCE.

- Órdenes de suspensión de los actos constitutivos de las conductas reguladas.
- Órdenes de hacer o no hacer cualquier conducta relacionada con la materia de la investigación;
- Procurar la conservación de la información y documentación.
- Las demás que considere convenientes y necesarias.

Artículo 131 LFCE. Cuando la infracción sea cometida por quien haya sido sancionado previamente por la realización de prácticas monopólicas o concentraciones ilícitas, la Comisión considerará los elementos a que hace referencia el artículo 130 de esta Ley y en lugar de la sanción que corresponda, podrá resolver la desincorporación o enajenación de activos, derechos, partes sociales o acciones de los Agentes Económicos, en las porciones necesarias para eliminar efectos anticompetitivos.

Para los efectos del párrafo anterior, en su resolución, la Comisión deberá incluir un análisis económico que justifique la imposición de dicha medida, señalando los beneficios al consumidor.

Para efectos de lo dispuesto en este artículo, se entenderá que el infractor ha sido sancionado previamente cuando:

I. Las resoluciones que impongan sanciones hayan causado estado, y

II. Al inicio del segundo o ulterior procedimiento exista resolución previa que haya causado estado, y que entre el inicio del procedimiento y la resolución que haya causado estado no hayan transcurrido más de diez años.

Para efectos de este artículo, las sanciones impuestas por una pluralidad de prácticas monopólicas o concentraciones ilícitas en un mismo procedimiento se entenderán como una sola sanción.

[45] https://www.scjn.gob.mx ›

No se considerará como sanción, para efectos de este artículo, las resoluciones emitidas por la Comisión, conforme a lo dispuesto por el artículo 101 de esta Ley.

Los Agentes Económicos tendrán derecho a presentar programas alternativos de desincorporación antes de que la Comisión dicte la resolución respectiva.

Cuando la Comisión ordene la desincorporación o enajenación de activos, derechos, partes sociales o acciones de los Agentes Económicos, éstas se ejecutarán hasta que se resuelva el juicio de amparo que, en su caso, se promueva.

Artículo 136 LFCE. Contra las medidas cautelares previstas en el artículo anterior, el Agente Económico podrá solicitar al Pleno que, mediante el procedimiento expedito que se establezca en las Disposiciones Regulatorias, le fije caución a fin de levantar dichas medidas. La caución deberá de ser bastante para reparar el daño que se pudiera causar al proceso de libre concurrencia y competencia económica si no obtiene resolución favorable. La Comisión emitirá los criterios técnicos respectivos para la determinación de las cauciones.

La suspensión que dicte la Comisión no prejuzga respecto del fondo del asunto y cesará al concluir el plazo fijado por el Pleno o en la fecha en que se emita la resolución definitiva.

La facultad de la comisión de iniciar averiguaciones e imponer sanciones, se extingue en un plazo de 10 años a partir de la realización de la conducta, conforme se encuentra dispuesto en el texto del artículo 137 LFCE.

Artículo 137 LFCE. Las facultades de la Comisión para iniciar las investigaciones que pudieran derivar en responsabilidad e imposición de sanciones, de conformidad con esta Ley, se extinguen en el plazo de diez años, contado a partir de la fecha en que se realizó la concentración ilícita o, en otros casos a partir de que cesó la conducta prohibida por esta Ley.

8.4. Delitos económicos.

Por su parte, nuestra disposición penal contempla varios tipos penales en que sancionan las prácticas que afecten la libre concurrencia con el objetivo manifiesto de proteger el consumo nacional.

Sin embargo, como señala el maestro Pérez Miranda, en nuestro sistema la gravedad de las sanciones no es congruente con la vaguedad de algunas de las figuras penales y la dificultad de probar las motivaciones de los autores, ha generado la no aplicación de estas sanciones.

Partimos de considerar que "el Derecho Penal es la rama del derecho público interno relativa a los delitos, a las penas y a las medidas de seguridad, que tiene por objeto inmediato la creación y la conservación del orden social." [46]

En este orden de ideas, definimos al derecho penal económico entendiéndolo como aquella rama del derecho penal que se centra en las conductas delictivas que se pueden cometer en el desarrollo de la actividad empresarial y que pueden perjudicar los intereses del Estado, refiriéndose principalmente a los delitos contra la hacienda pública y la seguridad social, los delitos societarios y los delitos socioeconómicos.

Para Juan María Terradillos Boscoso[47], en un interesante análisis que realiza en torno a la delincuencia económica, nos resalta que la misma genera otros costes de una naturaleza distinta a la económica, pero no por ello menos relevantes. Se trata de los costos políticos y sociales que se presentan como resultado de las políticas criminales dirigidas a afrontarla, nos resalta que más en concreto se corre el riesgo de una política criminal expansionista que nos lleve a la tipificación de conductas y la imposición de sanciones que entren en contradicción con los principios que acompañan a un sistema penal democrático.

En este sentido nuestro Código Penal Federal en su Titulo Decimocuarto sobre los Delitos contra la Economía Pública en su Capítulo I sobre los Delitos contra el Consumo y la Riqueza Nacionales que comprenden del artículo 253 al 254 ter establecen:

> *Artículo 253 CPF. Son actos u omisiones que afectan gravemente al consumo nacional y se sancionarán con prisión de tres a diez años y con doscientos a mil días multa, los siguientes:*
>
> *I.- Los relacionados con artículos de consumo necesario o generalizado o con las materias primas necesarias para elaborarlos, así como con las materias primas esenciales para la actividad de la industria nacional, que consistan en:*
>
> *a) El acaparamiento, ocultación o injustificada negativa para su venta, con el objeto de obtener un alza en los precios o afectar el abasto a los consumidores.*
>
> *b) Todo acto o procedimiento que evite o dificulte, o se proponga evitar o dificultar la libre concurrencia en la producción o en el comercio.*
>
> *c) La limitación de la producción o el manejo que se haga de la misma, con el propósito de mantener las mercancías en injusto precio.*
>
> *d) Todo acuerdo o combinación, de cualquier manera que se haga, de productores, industriales, comerciantes o transportistas, para evitar la competencia entre sí y traiga como consecuencia que los consumidores o usuarios paguen precios exagerados.*

[46] Castellanos Tena, Fernando. *Lineamientos elementales de derecho penal. (Parte General).* Vigésimo cuarta edición. Porrúa. México, 1987. Pág. 19.

[47] IUS Revista del Instituto de Ciencia Jurídicas de Puebla. No. 35, año IX, enero-febrero 1015. Pp. 7 a 36.

e) La suspensión de la producción, procesamiento, distribución, oferta o venta de mercancías o de la prestación de servicios, que efectúen los industriales, comerciantes, productores, empresarios o prestadores de servicios, con el objeto de obtener un alza en los precios o se afecte el abasto de los consumidores.

Si se depone la conducta ilícita dentro de los dos días hábiles siguientes al momento en que la autoridad administrativa competente lo requiera, la sanción aplicable será de seis meses a tres años de prisión, o de cien a quinientos días multa;

f) La exportación, sin permiso de la autoridad competente cuando éste sea necesario de acuerdo con las disposiciones legales aplicables.

g) La venta con inmoderado lucro, por los productores, distribuidores o comerciantes en general. En los casos de que el lucro indebido sea inferior al equivalente a sesenta días del salario mínimo general vigente en la región y en el momento donde se consuma el delito, se sancionará con prisión de dos a seis años y de sesenta a trescientos días multa;

h) Distraer, para usos distintos mercancías que hayan sido surtidas para un fin determinado, por una entidad pública o por sus distribuidores, cuando el precio a que se hubiese entregado la mercancía sea inferior al que tenga si se destina a otros usos.

i) Impedir o tratar de impedir la generación, conducción, transformación, distribución o venta de energía eléctrica de servicio público.

j) Interrumpir o interferir intencionalmente la producción, o el servicio de almacenamiento o distribución de gas natural, artificial o licuado de petróleo.

II.- Envasar o empacar las mercancías destinadas para la venta, en cantidad inferior a la indicada como contenido neto y fuera de la respectiva tolerancia o sin indicar en los envases o empaques el precio máximo oficial de venta al público, cuando se tenga la obligación de hacerlo.

III.- Entregar dolosa y repetidamente, cuando la medición se haga en el momento de la transacción, mercancías en cantidades menores a las convenidas.

IV.- Alterar o reducir por cualquier medio las propiedades que las mercancías o productos debieran tener.

V.- Revender a un organismo público, a precios mínimos de garantía o a los autorizados por la Secretaría de Comercio, productos agropecuarios, marítimos, fluviales y lacustres adquiridos a un precio menor. Se aplicará la misma sanción al empleado o funcionario del organismo público que los compre a sabiendas de esa situación o propicie que el productor se vea obligado a vender a precios más bajos a terceras personas.

En cual quiera de los casos señalados en las fracciones anteriores, el juez podrá ordenar, además, la suspensión hasta por un año o la disolución de la empresa de la que el delincuente sea miembro o representante, si concurren las circunstancias mencionadas en el artículo 11 de este Código.

En los casos de los incisos a), f) y h), de la fracción I y de la IV de este artículo, la autoridad que tenga conocimiento de los hechos procederá de inmediato a depositar los artículos de consumo necesario o generalizado, las materias primas para elaborarlos o las materias primas esenciales para la actividad industrial nacional. El depósito se efectuará en un almacén general de depósito que sea organización nacional auxiliar de crédito y los bienes serán genéricamente designados, en los términos del artículo 281 de la Ley General de Títulos y Operaciones de Crédito; cuando se trate de bienes cuya especial naturaleza no permita el depósito genérico, se constituirá el específico, señalando asimismo, el plazo y condiciones en que habrá de procederse a su venta o destrucción conforme a lo que establece el artículo 282 de la misma Ley. El certificado de depósito que se expida tendrá el carácter de no negociable y será remitido al Ministerio Público o, en su caso, al Juez que conozca del proceso, para los efectos que procedan.

Lo dispuesto en este artículo se aplicará sin perjuicio de las medidas y sanciones administrativas que establezcan las leyes correspondientes.

Artículo 254 CPF. Se aplicarán igualmente las sanciones del artículo 253:

I.- Por destrucción indebida de materias primas, productos agrícolas o industriales o medios de producción, que se haga con perjuicio del consumo nacional;

II.- Cuando se ocasione la difusión de una enfermedad de las plantas o de los animales con peligro de la economía rural;

III.- Cuando se publiquen noticias falsas, exageradas o tendenciosas o por cualquier otro medio indebido se produzcan trastornos en el mercado interior, ya sea tratándose de mercancías, de monedas o títulos y efectos de comercio.

IV.- Al que dolosamente, en operaciones mercantiles exporte mercancías nacionales de calidad inferior, o en menor cantidad de lo convenido.

V.- Al que dolosamente adquiera, posea o trafique con semillas, fertilizantes, plaguicidas, implementos y otros materiales destinados a la producción agropecuaria que se hayan entregado a los productores por alguna entidad o dependencia pública a precios subsidiado.

En los distritos de riego, el agua de riego será considerada como material a precio subsidiado.

Si el que entregue los insumos referidos, fuere el productor que los recibió de las instituciones oficiales, se le aplicará una pena de 3 días a 3 años de prisión.

VI.- A los funcionarios o empleados de cualquiera entidad o dependencia pública que entreguen estos insumos a quienes no tengan derecho a recibirlos; o que indebidamente nieguen o retarden la entrega a quienes tienen derecho a recibirlos, se harán acreedores a las sanciones del artículo 253.

VII.- Al que sin derecho realice cualquier sustracción o alteración a equipos o instalaciones de la industria petrolera a que se refiere la Ley Reglamentaria del Artículo 27 Constitucional en el Ramo del Petróleo.

La sanción que corresponda se aumentará en una mitad cuando se realice en los ductos o sus instalaciones afectos a la industria petrolera o cuando el responsable sea o haya sido servidor público de dicha industria, y

VIII.- Al que sin derecho realice cualquier sustracción o alteración de equipos o instalaciones del servicio público de energía eléctrica.

Artículo 254 bis CPF. Se sancionará con prisión de cinco a diez años y con mil a diez mil días de multa, a quien celebre, ordene o ejecute contratos, convenios, arreglos o combinaciones entre agentes económicos competidores entre sí, cuyo objeto o efecto sea cualquiera de los siguientes:

I. Fijar, elevar, concertar o manipular el precio de venta o compra de bienes o servicios al que son ofrecidos o demandados en los mercados;

II. Establecer la obligación de no producir, procesar, distribuir, comercializar o adquirir sino solamente una cantidad restringida o limitada de bienes o la prestación o transacción de un número, volumen o frecuencia restringidos o limitados de servicios;

III. Dividir, distribuir, asignar o imponer porciones o segmentos de un mercado actual o potencial de bienes y servicios, mediante clientela, proveedores, tiempos o espacios determinados o determinables;

IV. Establecer, concertar o coordinar posturas o la abstención en las licitaciones, concursos, subastas o almonedas, y

V. Intercambiar información con alguno de los objetos o efectos a que se refieren las anteriores fracciones.

El delito previsto en este artículo se perseguirá por querella de la Comisión Federal de Competencia Económica o del Instituto Federal de Telecomunicaciones, según corresponda, la cual solo podrá formularse con el dictamen de probable responsabilidad, en los términos de lo dispuesto en la LFCE.

No existirá responsabilidad penal para los agentes económicos que se acojan al beneficio a que se refiere el artículo 103 de la LFCE, previa resolución de la COFECE o el IFETEL que determine que cumple con los términos establecidos en dicha disposición y las demás aplicables.

Los procesos seguidos por este delito se podrán sobreseer a petición del Pleno de la COFECE o del IFETEL, cuando los procesados cumplan las sanciones administrativas impuestas y, además se cumplan los requisitos previstos en los criterios técnicos emitidos.

La acción penal prescribirá en un plazo igual al término medio aritmético de la pena privativa de la libertad a que se refiere el primer párrafo de este artículo.

Artículo 254 Ter. CPF. Se impondrá de tres meses a un año de prisión o de cien a trescientos días multa a quien, sin derecho, obstruya o impida en forma total o parcial, el acceso o el funcionamiento de cualesquiera de los equipos, instalaciones o inmuebles afectos de la industria petrolera a que se refiere la Ley Reglamentaria del Artículo 27 Constitucional en el Ramo del Petróleo o bien de los equipos, instalaciones o inmuebles afectos del servicio público de energía eléctrica.

Si con los actos a que se refiere el párrafo anterior se causa algún daño, la pena será de dos a nueve años de prisión y de doscientos cincuenta a dos mil días multa.

En términos generales, los tipos contenidos en los artículos que referimos se enfocan principalmente a aquellas conductas que generan la limitación de la libre concurrencia, el acaparamiento de la producción o distribución de determinados bienes, así como aquellas conductas que alteran los precios y la oferta de bienes y servicios, que excluyen el libre desarrollo de la competencia en el mercado, afectando en última instancia la mecánica propia de la estructura económica, generando consecuencias negativas que terminarán impactando a la economía y el bienestar social en nuestra sociedad.

Cap. IX. Medios de impugnación.

En opinión de Gabino Fraga "El recurso administrativo constituye un medio legal del que dispone el particular, afectado en sus derechos o intereses por un acto administrativo determinado, para obtener en los términos legales, de las autoridades administrativas una revisión del propio acto, a fin de que dicha autoridad revoque, lo anule o lo reforme en caso de encontrar comprobada la ilegalidad o la inoportunidad del mismo." [48]

La anterior LFCE contemplaba la existencia del Recurso de Reconsideración, dicho recurso promovido ante la propia autoridad tenía por objeto el que se revocara, se modificara o confirmara la resolución reclamada.

Dentro de los treinta días hábiles siguientes a la notificación del acto reclamado, el actor podía presentar un escrito en el que se solicite a la Comisión reconsiderar su resolución, misma que sería evaluada con lo que obra en el expediente que sirvió de base para emitirla, no pudiendo aportarse nuevas pruebas, excepto si dichas probanzas fueren supervenientes.

La interposición del recurso suspendía la ejecución de la resolución impugnada. En caso de que se haya impuesto sanción de las fracciones I y II del artículo 35 de la LFCE, y se pueda ocasionar daño o perjuicio a terceros, se deberá otorgar garantía para obtener la suspensión.

[48] Gabino Fraga. *Opus cit.* Pág. 435.

La CFC contaba con un plazo para su resolución de sesenta días hábiles contados a partir de la interposición del recurso, operando la *negativa tácita*, en el entendido de que en el caso de no emitir la resolución se debía entender como confirmada la resolución recurrida.

Como nos apunta González de Cossío la vigente LFCE elimina el recurso en sede administrativa, considerando al juicio de amparo indirecto como único medio para oponerse a la decisión de la autoridad reguladora que pone fin al procedimiento seguido en forma de juicio; siendo que conforme al Acuerdo General 22/2013 de Pleno del Consejo de la Judicatura Federal se crearon los tribunales especializados, siendo los Juzgados Primero y Segundo de Distrito Especializados en Competencia Económica, Radiodifusión y Telecomunicaciones; y el Primer y Segundo Tribunales Colegiados de Circuito en Materia Administrativa Especializados en Competencia Económica, Radiodifusión y Telecomunicaciones, los tribunales competentes para conocer en materia de competencia económica.

Referencias bibliográficas.

1. Acosta Romero, Miguel. *Segundo curso de derecho administrativo.* Primera edición. Porrúa. México, 1989.

2. Andrade Sánchez, J. Eduardo. *Teoría general del Estado.* Segunda edición. Colección textos jurídicos universitarios. Oxford. México. 2003.

3. Álvarez, Gloria y Kaiser, Axel. *El engaño populista. Por qué se arruinan nuestros países y cómo rescatarlos.* Ariel. Primera edición. México, 2016.

4. Arteaga Nava, Eliasur. *Derecho constitucional.* Colección textos jurídicos universitarios. Cuarta edición. Oxford. México, 2013.

5. Basave Fernández Del Valle, Agustín. *Teoría del Estado. Fundamentos de Filosofía política.* Primera reimpresión. Trillas. México, 2007.

6. Baquiero Rojas, Edgar, Buenrostro Báez, Rosalía. *Derecho Civil. Introducción y personas.* Oxford. Colección Textos Jurídicos Universitarios. Segunda Edición. Octava reimpresión. México, 2016.

7. Botero Gómez, Santiago. *Empresa, Sociedad y Derecho. Teoría general sobre la función social de la empresa.* Prólogo de Martínez Muñoz, Juan Antonio. Primera edición. Universidad Complutense, Red Internacional de Juristas para la Integración Americana y Porrúa. México, 2015.

8. Carbonell, Miguel. *Los derechos fundamentales en México.* Tercera edición. Comisión Nacional de los derechos Humanos, Universidad Nacional Autónoma de México, Porrúa. México, 2009.

9. Castellanos Tena, Fernando. *Lineamientos elementales de derecho penal. (Parte General).* Vigésimo cuarta edición. Porrúa. México, 1987.

10. Castillo Ortega, Edgar Daniel. *Desestimación de la Personalidad Jurídica. Una aproximación en Derecho Mexicano.* Primera edición. Colección Mercantil. Tirant lo blanch. México. 2023.

11. Domínguez Vargas, Sergio. *Teoría Económica.* Décimo cuarta edición. Porrúa. México, 1990.

12. Enrigue Zuluaga, Carlos. *Agrupaciones de empresas.* Primera edición. Porrúa. México, 2006.

13. Ferrer Mac. Gregor Poisat, Eduardo, Caballero Ochoa, José Luis, y Steiner, Christian. *Derechos humanos en la Constitución: comentarios de jurisprudencia.* Primera edición. Tomo I. Suprema Corte de Justicia de la Nación, Universidad Nacional Autónoma de México, y Konrad Adenauer Stiftung. Estado de Derecho para Latinoamérica. México, 2013.

14. Gabino Fraga, Manuel. *Derecho Administrativo.* Vigésimo octava edición. Porrúa. México, 1989.

15. García Castillo, Tonatiuh. *Ley Federal de Competencia Económica. Comentarios, conferencias y jurisprudencia.* Serie estudios jurídicos No. 54. Primera edición. Instituto de Investigaciones Jurídicas, Universidad Nacional Autónoma de México. México, 2003.

16. García Ramírez, Efraín. *Derechos humanos y amparo penal. Una propuesta para democratizar la justicia penal mexicana.* Primera edición. Universidad Marista, Sicomaquia. México, 2010.

17. García Sais, Fernando. *Estado, mercado y derecho.* La práctica del derecho mexicano. Tirant lo Blanch. México, 2014.

18. Ginebra Serrabou, Xavier y Castrillón y Luna, Víctor M. *La nueve Ley Federal de Competencia Económica.* Primera edición. Bosch. Barcelona, España, 2014.

19. González Aragón, Gabriel. *Las concentraciones empresariales en el derecho mexicano.* Primera edición. Miguel Ángel Porrúa. México, 2013.

20. González De Cossío, Francisco. *Competencia.* Prefacio de Dennis W. Carlton, prólogos de Richard A Posner y Alfredo Bullard G. Primera edición. Porrúa. México. 2017.

21. González Martín, Nuria. *Una introducción a la Unión Europea.* Primera edición. Instituto de Investigaciones Jurídicas, Universidad Nacional Autónoma de México, Porrúa. México, 2007.

22. Lamo de Espinosa, Emilio (coordinador). *La disputa del pasado. España, México y la leyenda negra.* Primera edición. Turner y Noema. México, 2021.

23. Leal Buenfil, Rubén. *Competencia económica y comercio internacional.* Primera edición. Universidad de Monterrey y Tirant lo Blanch. México, 2021.

24. Mariscal Ureta, Karla Elizabeth. *Medio ambiente sano. Derecho colectivo y global.* Prólogo de Gonzalo Armienta Hernández. Primera edición. Porrúa, México, 2015.

25. Mena Labarthe, Carlos. (Coordinador) *Derecho de la Competencia Económica en México.* Primera edición. Porrúa. México, 2015.

26. Muñoz Fraga, Rafael. *Derecho Económico.* Segunda Edición. Facultad de Derecho de la U.N.A.M. y Porrúa. México, 2014.

27. Márquez Nicolás y Laje Agustín. *El libro negro de la nueva izquierda. Ideología de género o subversión cultural.* Primera edición. Instituto Interamericano de Investigación Social. México, 2021.

28. Martí Borbolla, Luis Felipe. *Estado, política y empresa.* Primera edición. Universidad Panamericana y Porrúa. México, 2013.

29. Martínez Montes, Luis Francisco. *Bárbaros ¿qué bárbaros? El mundo hispano y el canon de modernidad.* En E. Lamo de Espinosa (coordinador). La disputa del pasado. España, México y la leyenda negra. (p. 115-134). Turner, Noema. México, 2021, p. 127.

30. Mena Labarthe, Carlos, Méndez Rodríguez, Laura A., Roldán Xopa, José (coordinadores). *Derecho de la competencia económica en México.* Primera edición. Porrúa. México, 2015.

31. Méndez Galeana, Jorge M. *Introducción al derecho económico.* Segunda edición. Trillas. México, 2012.

32. Muñoz Fraga, Rafael. *Derecho económico.* Prólogo de Ruperto Patiño Manffer. Segunda edición. Facultad de Derecho de la Universidad Nacional Autónoma de México y Porrúa. México, 2014.

33. Méndez Rodríguez, Laura A; Mena Labarthe, Carlos; Roldán Xopa, José. (Coordinadores). *Derecho de la Competencia. Nuevos paradigmas.* Colección Derecho Administrativo. Primera Edición. Tirant lo blanch. México, 2023.

34. Muñoz, Edgardo, Bórquez Castillo, Julián Canán y Delgado Páez, Lluvia Guadalupe. (Coordinadores). *Desarrollos recientes en el Derecho de Daños.* Primera edición. Colección Homenajes y Congresos. Castillo y Asociados y Tirant lo blanc. México, 2023.

35. Ovilla Bueno, Rocío. *La protección de los datos personales en México.* Comentario de Correas Vázquez, óscar. Colección Breviarios Jurídicos. Primera edición. Porrúa. México, 2005.

36. Peredo Rivera, Amílcar. *Derecho de la competencia económica. Teoría y Práctica.* Prólogo de Eduardo Raúl Arrocha Río. Segunda edición. Porrúa. México, 2014.

37. Pérez Miranda, Rafael J. *Régimen de la competencia y de los monopolios. Un enfoque de derecho económico.* Primera edición. Porrúa. México, 2005.

38. Porrúa Pérez, Francisco. *Teoría del estado. Teoría política.* Vigésimo cuarta edición. Porrúa. México, 1991.

39. Ramos Espinosa, Ignacio. *Introducción a la teoría económica.* Porrúa. Tercera edición. México, 2013.

40. Romero Michel, Jessica C. *Derecho económico.* Primera edición. Colección textos jurídicos universitarios. Oxford. México, 2015.

41. Roldán Xopa, José. *La ordenación constitucional de la economía. Del Estado regulador al Estado Garante.* Presentación de José Ramón Cossío Díaz. Política y Derecho. Serie Constitución 1917. Primera edición. Fondo de Cultura Económica. México, 2018.

42. Rojas Castro, María Ovidia. *Derecho económico en México. Legislación y realidad.* Segunda edición. Porrúa México, 2018.

43. Samuelson, Paul A Y Nordhaus, William D. *Economía.* Traducción de Luis Toharia Cortes. Duodécima edición. Mc. Graw Hill. México, 1987.

44. Tena Ramírez, Felipe. *Derecho constitucional mexicano.* Porrúa. México, 1992.

45. Witker Velásquez, Jorge. *Introducción al derecho económico.* Décima edición. Grupo Editorial HESS. México, 2014.

46. Witker Velásquez, Jorge. Varela, Angélica. *Derecho de la competencia económica en México.* Primera edición. Instituto de Investigaciones Jurídicas. UNAM. México, 2003.

47. Zamora, Francisco. *Tratado de teoría económica.* Sección de obras de economía. Décimo novena edición. Fondo de Cultura económica. México, 1984.

48. Zarkín Cortés, Sergio Salomón. *Derecho corporativo.* Prólogo de Alfonso Durazo Montaño. Quinta edición. Porrúa. México, 2015.

49. Zeind, Marco Antonio. *Organismos Constitucionales autónomos.* Monografías. Tirant lo blanch. México, 2018.

Otras fuentes.

1. Terradillos Basoco, Juan María. *Derecho penal económico. Lineamientos de política penal.* IUS Revista del Instituto de Ciencia Jurídicas de Puebla. No. 35, año IX, enero-febrero 2015.

2. Tron Petit, Jean Claude. (2013). *Art. 28. Prohibición de monopolios.* E. Ferrer Mac. Gregor Poisat, J.L. Caballero Ochoa, C. Steiner. Derechos humanos en la Constitución: comentarios de jurisprudencia. P. 741-774. Primera edición. Tomo I. Suprema Corte de Justicia de la Nación, Universidad Nacional Autónoma de México, y Konrad Adenauer Stiftung. Estado de Derecho para Latinoamérica. México, 2013.

3. Maldonado Sánchez, Adán. *El capítulo económico de la Constitución y el bloque de constitucionalidad en México.* Anuario de Derecho Constitucional Latinoamericano. Año XXIII. Bogotá, 2017, p. 503-532.

4. IUS Revista del Instituto de Ciencia Jurídicas de Puebla. No. 35, año IX, enero-febrero 1015.

5. Tesis P./J. 21/2014. Gaceta del semanario Judicial de la Federación. Décima época. 2006225. Pleno. Libro 5, abril de 2014, Tomo I. Jurisprudencia (común).

6. Manual de organización institucional de la Comisión Federal de Competencia Económica.

7. Semanario Judicial de la Federación y su Gaceta, t. IX, abril de 1999.

Legislación.

1. Constitución política de los Estados Unidos Mexicanos.

2. Código Federal de Procedimientos Civiles.

3. Ley Federal de Competencia Económica.

4. Código Penal Federal.

5. Estatuto Orgánico de la Comisión Federal de Competencia Económica.

6. Reglamento de la Ley Federal de Competencia Económica.

Páginas web.

1. https://www.scjn.gob.mx ›
2. https://www.cofece.mx.